记

职场浮沉

〔韩〕尹泰翼/著

千太阳/译

北京理工大学出版社

BEIJING INSTITUTE OF TECHNOLOGY PRESS

序　言

是工作累还是为人处世累？

如果你问上班族"是工作让人累，还是人让工作累"，十个当中有九个会回答"人让工作累"。再对那些原本安分守己的在公司上班，突然提出辞职的人们，提出同样的问题，我想大多数人都会回答：不管是去哪里，工作都差不多，就是"和上司之间的矛盾"实在让人受不了。由此可见，职员离职不是因为讨厌工作，而是因为不喜欢上司，也就是说离职原因不是物而是人。

为什么人比工作更难相处呢？原因很简单，因为每个人的想法都不一样。他人的想法、感受、行动不会和自己的完全相同。即便如此，在我们的潜意识中还是期待他人能够和自己一样地去感受和行动。因此只要看见别人的想法和行动与自己的不一样，就会有"怎么可以那么做"或"那叫什么话"的想法，以至于让自己陷入矛盾和困难的情境中。职场上的各种矛盾，产生的根本原因就是人们不承认彼此思想之间的差异。

我们曾经认为，人们之间发生矛盾是在所难免的，而且从小就懂得忍让的美德。之所以会有这种想法，是因为从来都不曾有人教过我们人与人不同的道理。想想吧，一直以来，我们究竟学过多少关于人的知识，又是怎么学来的呢？

本书为那些认为在职场中做人比做工作难的人们，提供了研究人的机会。凡是职场人士应该都有过这样的想法："倘若能像用遥控器随便换频道一样，任意控制上司和部属的言行该多好啊！"

不可能吗？不是的。只要正确地了解自己与对方的不同，就能实现上面的想法。正所谓，知己知彼，百战百胜。从今往后，大家都要注意观察人的性格类型。当你了解了自己和对方的性格类型后，就会掌握一种识破人心的独到秘诀，会获得一种能够随心所欲控制上司和部属的能力，就如同手中拿着遥控器一样。

虽然通过与对方交谈或观察对方的行为，可以对那个人的性格有一定的了解，但是要想掌握人人不同的内在性格就没那么简单了。因为，大部分时间我们都是带着"面具"生活的，所以我们会错误地认为那个面具就是自己，也会错误地将对方的面具看做是真正的对方。其结果是，我们不但不能真正地了解自己，也不能清楚地掌握对方的优点和缺点。所以在为人处世中，我们白白地浪费了许多时间和精力，并一直艰难地生活着。寻找自己隐藏在"面具"背后的真正面目，就是我们人生当中最重要的事情。而且，只有看见对方摘下"面具"后的那张脸，我们才能够随心所欲地去操纵属于自己的那个遥控器。通过本书，大家不仅能够了解自己，还能了解隐藏在上司、同事、部下以及客户内心深处的多种想法。

人类的行为看似多种多样、毫无规律可言，其实不然，它不仅井然有序，而且还具有它一贯的倾向。也就是说，根据性格类型的不同，有固定的办事习惯、与人交往的风格和决策模式。所以，只要你了解了这个模式，无论是上司还是部下，都可以轻松自如地与其相处了。

相信这本书能够成为大家可靠的人生指南。了解了自己就能更好地强化自己的优点，管理自己的缺点；了解了对方就可以根据对方的性格特点，更有效地作出对策，而且还可以汲取对方的优点，发挥协同效应，取得更好的成绩。

从现在起，大家就要进行一次"寻找自我之旅"了。在到达此次旅行的终点时，你会发现从未见过的"我"和"对方"的真面目。到时不仅会彻底地了解自己，还会清楚地了解到上司和手下职员为什么会那么想、那么做以及作出哪种反应。了解了内心的想法，就等于掌握了性格的秘密，同时也意味着找到了可以应对这一想法的最恰当的方法。这本书将帮助大家对一直以来因不了解性格差异而百思不得其解、感到苦恼的问题进行诊断研究，并予以解决。希望不要只读过一次就将它摆在书架上，最好将它放在触手可及的地方。在听取上司的裁决之前，在鼓舞士气的时候，在约见客户之前，都拿出来读一读。相信一定会帮你找到掌握对方心理的秘诀，助你一臂之力。

在此，也衷心地希望这本书能够帮助大家发现自己和他人与生俱来的性格和才能，并找到通向成功和幸福的道路。

巨翼　尹泰翼

目　录

热身：知己知彼

你会选择哪种乐器？
——先知"己"很重要

　　大家都见过管弦乐队吧。虽然每一个乐队成员都使用不同的乐器进行演奏，但是为了奏出一支完整的曲子，每个人都要准确地掌握整个乐队的演奏流向。也正是因为这样，才能演奏出美妙悦耳的乐曲。

　　彼得·德鲁克曾说过："想要成为管弦乐队的指挥，就要了解如何演奏各种乐器。"意思就是说，作为专家，达到了一定境界之后就要扩大知识面，成为一个"多面手"。这里的多面手不是指毫无专业基础的管理者，而是指具备核心竞争力并兼备管理能力和领导力的人。只有经历了职业化过程的人才有可能成为真正的多面手。

　　团队也不例外。团队是具备多种个性和优点的人聚集在一起工作的共同体。所以人与人相处的时候，一定要让彼此的优点得到最大限度发挥，与此同时还要弥补不足，以便让业务能够富有成效地开展。就像管弦乐队的成员一样，在对各自使用的乐器的特点和优点有了充分的了解之后，选择一种最适合自己的乐器。这样，在演奏音乐的时候，才能融入其中并听到美妙绝伦的和声。

　　且不说充分地了解相互间的个性和优点，很多情况下人与人之间会因为上令下达式的命令、不同的业务方式、缺乏交流等原因发生矛盾。

　　由于网络文化的飞速发展，年轻一代在自发参与和发表自己的观点方面表现得非常积极。因此，对待他们，就不应再像从前那样任意地指示或者进行管制了，而需要去了解每个人的性格及其多样性。现在已经进入到为人处世比工作更使人感到疲惫的时代了，但目前为止仍有许多人不但不关注自己的优缺点，而且也不愿花费精力去了解对方的优缺点。

这是为什么呢？最根本的原因就在于，从上学开始就经常听父母和老师们说，只有努力学习才能取得成功，而关于自己是怎样一种人，喜欢做什么事情，自己的优点和缺点是什么，如何去选择适合自己的单位和工作，却从来都没有系统地学习和思考过。

由于不清楚自己究竟是怎样一种人，与自己在一起的对方究竟是怎样一种人，其结果往往是还没有准备好如何找寻自我，如何才能拥有自己想要的生活，就稀里糊涂地选择了单位和工作，事后只能后悔。不仅对个人，对于企业乃至整个国家来说，都是时间和精力上的巨大浪费。

> 对于"自己"，我们究竟了解多少？
>
> 我与生俱来的性格上的优点和缺点究竟是什么？
>
> 和我在一起的那个人的性格有什么样的优点和缺点？
>
> 我想怎样生活？
>
> 和我在一起的那个人，每天究竟都在想些什么？

也许每个人都曾这样问过自己。

那么，你对这些问题有明确的答案吗？

是不是仅仅安慰自己一句"难，只是认真地过日子而已"，就敬而远之了呢？实际上，一直以来大多数的人都是这样生活的。从现在开始，就让我们好好来认识一下自己和对方吧。

本书会向您介绍有助于获得成功的三阶段战略——知己知彼、换位思考、和谐相生。常言道："知己知彼，百战百胜。"意思是说，了解了自己和对方，就可以所向披靡。如今，时代已经发生了翻天覆地的改变，所以在辨清他人之前，更要先了解自己。如果连自己都不了解，那么了解他人也就没有什么意义了。所以，在当今社会，我们仍要遵循那句古话"知己知彼",即首先了解自己。做到这一点后再去了解对方,通过换位思考来促进相互间的了解和协作,这才是走向成功的必经之路。

现在我们一起来回忆一下苏格拉底的那句"请认识你自己",并为了更加深刻地发掘"自己",去畅游内心世界吧!

我们各不相同
——九种类型的人生活在一起

我们在人生当中所经历的所有矛盾和问题,大多与人有关。也许有人曾因自己身边竟是一群"性格"古怪的人而倍感苦恼过。尤其是对上班族而言,他们可能不止一次地有过因无法接受上司或手下职员的行为,而气愤地想要起身冲出门外的想法。其实,一旦真正了解之后就会明白,那都是因为不懂各自的性格类型才导致的。

有的时候,我们会有"我的意见是正确的,所以那个人的意见可能也和我一样"的错误想法,这常让我们在无意中伤害了周围的人。职场中也有因公司无法满足合理要求而离职的员工。

现在开始,要正式谈谈关于"人"的事情了。让我们"一丈一丈"地去识破比十丈水还深的"人心"吧。

如果先从结论说起,那么人可以分为"九种类型",即所有的人都属于这九种类型中的一种。九种类型的人用各自不同的想法和方式去说话、行动和生活。所以说十丈水深易量,一丈人心就没那么容易弄懂了。你可能一直都在望着水,努力要看清其深处。从现在开始,就让我们来看清这九处的深渊,看看其内部究竟有什么不同吧。

不觉得很有意思吗?只要弄清了这九种类型,就可以拥有掌握世上所有人的能力。不过,这件事情做起来可没有想象中的那么简单。当你读了这本书,知道了许多之前不知道的东西之后,一定会感到非常惊讶。到时你就会明白,这九种不同类型的人聚在一起生活,引起了多少矛盾、误会和错觉。

在还没有弄懂性格差异之前，当然会将与自己性格不同的人视作是性格古怪的人。请回想一下自己是如何谈论与自己持不同意见的人的。相较于"那个人的性格和别人不一样。我还没有想到的事情，他就已经了如指掌了，真有个性"这样的话，更多情况下你可能会说"他的性格真的很古怪，跟我合不来"。

我们不应该站在与自己"合"与"不合"的立场上去判断别人，而应该以"相同"或"不同"的观点对其进行区分。那么，究竟有什么不同呢？这就要问问"性格"了。人际关系中所有的矛盾，都是因为不了解性格"差异"所导致的。正因为不懂得相互之间的"差异"，所以才会出现同事争吵以及团队内部交流不畅的现象。之所以社会交流和协调的文化至今还未能成熟，正因为不懂或者不承认相互间的"差异"。

我的能量源泉在哪里？
——了解性格后，工作会更快乐

前面已经提到过，当今社会的生存之道依旧要遵循"知己知彼"的古训。对我们而言，重要的不是先了解他人后再了解自己，而是先了解自己后再了解他人。

就拿"花生"和"荷花"这两个事物来举个例子吧。花生和荷花只有长在沙地和淤泥中时才都能够茁壮成长。换言之，植物是懂得选择适合自己的环境生根发芽、开花结果的。人也是一样。与其硬是要在和自己的性格完全不符的土壤里生根，不如寻找一个适合自己生长的一亩三分地，这才是通往成功的捷径。在寻找适宜生长的土壤之前，我们首先要做的事情就是"弄清楚自己究竟是花生还是荷花"。

那么，如何辨别自己的性格类型呢？

首先，我们要找到自己固有的能量中心。能量中心是指思维、情感、行为等的发源地。我们可以以这一能量中心为基准，去辨别多种性格之间的差异。人之所以会有性格上的差异，究其根源，是因为每个人使用自身力量的方法不同。寻找自我性格的过程正是寻找能够调动可能性和竞争力的源泉的过程。

能量中心被称为"气质"，气质不同，人所显现出的价值观、处事风格、说话方式、职业及成功模式、人际交往风格、企业经营和团队运营模式、领导风格等也都会不同。

根据使用能量的种类和方式，可以把人分为主要使用头脑中知识能量的"脑型"、主要使用心中情感能量的"心型"和主要使用小腹部位能量的"腹型"。

依此划分出来的三种类型，性格、兴趣以及前途都各有所异，而且人际关系也不尽相同。这三种类型，每一种又分三小类，共形成九种类型。首先需要弄清楚，自己的能量中心到底是属于"脑型""心型"还是"腹型"，这是寻找自我性格的第一道关口。这好比你要进入一座庭院，首先要正确地判断出，应该是从东门进去，还是从西门或者从南门进去。如果你在第一道关口就选错了路，那么你可能会永远地徘徊下去，所以一定要看清方向再进门，否则就要尽快地重新开始。

从现在起你将会明白，为什么自己之前会那么做，为什么曾经你无法理解别人，而别人也无法理解你。

Episode

不同的性格类型相遇时能产生协同效应

　　和与自己性格类型相同的人说话时，会觉得非常谈得来。因为在进行对话时，双方能够明白彼此为什么会说那样的话。和与自己性格不同的人在一起，即便你是为了对方着想才那么做的，对方也未必领情，说不定别人根本没把你的好意当成一种照顾，甚至都没有放在眼里。这样比较起来，无论是共事还是谈话，你自然更喜欢和与自己性格相同的人在一起。

　　但仅因为这个原因，就只与和自己性格类型相同的人接触的话，将会阻碍你的成长和发展。不同的性格类型的人，各自的能力也会不同，所以只有相互协作配合才能产生协同效应。

　　倘若一个机构中只有那些在制订战略和计划方面很了不起，而实践能力非常差的人，那么那些无人执行的战略和计划，就好比是沉睡中的老虎和狮子，照样一无是处。在这个时候，若能得到具备实践能力的人来协助完成的话，那么这个战略或计划肯定能够尽快地被应用到实践当中，从而取得一定的成果。而且，通常情况下，那些具有创新思维的人大都缺乏耐性，做事容易烦躁，所以常常无法坚持到底。这时如果能得到既有耐性，又能积极寻求解决事情的办法的人协助，那就能锦上添花了。

　　我们不应该排斥那些与我们持不同意见的人，而应该尽己所能地去帮助对方，并和对方共享各自所具有的能力，这种相互协作的态度才是我们处世中真正需要的。

预备：洞察人心的读心术
——请弄清自己与对方究竟属于哪种类型

我是腹型、心型还是脑型？

首先你将要面对的是"寻找自我之旅"的第一个关键——三岔口。通过这一过程你会知道自己究竟是属于腹型、心型还是脑型。从某种意义上讲，明确自我性格类型的道路，是简单容易的。

与从前相比，你会对自己有一个崭新的认识，到时候你会说："原来这才是我啊！"

那么，现在就来闯闯第一道关口吧。你究竟属于哪种类型呢？腹型、心型还是脑型？

8

性格测试第一步：辨别三种类型

start
需要一个可以依赖的人。经常会在别人身上获得力量。 →YES

没事也喜欢和关系亲密的人通电话。 →NO

即使东西很贵，只要质量好也会去买，而不会在一件小商品的价格上斤斤计较。

↓NO

多睡觉才能缓解疲劳，甚至一天可以睡24个小时。 →NO

↓YES

渴望受到众人的瞩目。偶尔还会故意做出一些引人注目的事情。 →NO

↓YES

经常因控制不住情绪而吃亏。

↓YES

喜欢在进行计算分析之后，选择性价比高的产品。 →NO

在意他人对我的看法。 ←

↓YES

认为对他人表示好感是令人非常难为情的事情。

↓YES

在疲劳时不喜欢他人对自己表示关心。 →NO

↓YES

当因事情得不到解决而感到疲劳时，他人的一句温馨的话也能给你很大帮助。 →NO

↓YES

无法想象没有尝试过的事情。

↓YES

通常情况下，就算生气也不会因感情用事而无视对方。 →NO

↓YES

没有很理性的标准，经常会根据交情作出决定。 →NO

↓YES

非常讨厌别人碰或随便使用自己的东西。 ←

↓YES

不喜欢与容易意气用事或言行不一的人讲话。 →NO

与毫无反应、冷冰冰的人在一起会觉得有负担。 →NO

对什么事情都模棱两可的人感到郁闷。

与售货员推荐的产品相比，更希望得到一些我想知道的信息。 → NO → 经常拿自己和他人进行比较。 → NO → 与其费力地用头脑去理解不如亲自去实践，这更有助于认清事实。

YES　　　　YES　　NO　　YES

认为和容易让感情战胜理智的人说话没有意义。 → NO → 会受到天气和气氛的影响。有时候，渴望融入到一种氛围中，尽情抒发自己的情感。 ← 不愿意让别人看到自己柔弱的一面。女人也好，男人也罢，不喜欢看见别人脆弱的样子。

YES　　　　YES　　NO　　YES

过分的赞美会让你产生负担。希望得到简单且实事求是的赞美。 → NO → 别人理解自己，向自己表示期待和关心，会激发自己的热情。 ← NO ← 不喜欢长时间地复杂地考虑问题。喜欢先试一试再进行修改。

YES　　NO　　YES　　YES

脑型　　心型　　腹型

那么，现在大家应该知道自己是使用那种类型能量的人了吧。

三大类人格脉诊

常言道：人要健康，脑要冷，心要暖，腹要热。实际上人的性格也是可以用温度来进行解释的。

脑型：给人一种非常冷的感觉。安静、理性、冷静。用颜色形容的话，相当于冷静的蓝色。

心型：给人一种非常暖的感觉。脸上常常挂着微笑，感性、多情。用颜色形容的话，相当于温和的黄色。

腹型：给人一种非常热情的感觉。看起来非常坚强，实践能力强，热情。用颜色形容的话，相当于热情的红色。

就是这样，每个类型都有自己的特色。不能说心型好，脑型和腹型就不好。每一个类型都有各自的优缺点。单纯地说哪一种性格好，哪一种性格坏，是没有道理的。正确的说法应该是，我们的性格都不一样。今后我们说话时，再也不能犯像"谁的性格不好"这样的错误了。

1.腹型：行动派——挑战与勇气的"勇将型"

腹型人的身材，通常较魁梧，给人一种力量感，说话时喜欢用强调的语气。喜欢开门见山的说话方式，行为表现容易过激，对某件事情感到不解就会单刀直入地进行提问，寻求答案。是一个不会说谎、喜欢保护弱者的正义使徒。

用一句话来概括腹型人，就是率直果敢的"行动派"。他们非常关注自己所具有的力量，有很强的号召力，在人际关系方面，他们也很想确认自己的力量究竟能产生多大的影响。他们会通过自己构筑的领域来确认自己存在的价值。同时会力求掌控自己领域内的一切，不如意的时候还会感到愤怒。

由于讨厌受人支配，而支配他人的欲望又非常强烈，所以在团队里经常会起到领导他人的作用。而且当自身的权威受到挑战时就会发怒，同时也因缺乏耐性而经常发火。由于是那种只有当场将愤怒释放出来才会消气的人，所以有时会因无法忍受而生闷气。由于存在保护弱者的本能，所以火气往往会施加在强者身上，而对弱者则非常温柔。

腹型人作为勇将，在大胆和决断力方面可谓是独占鳌头。勇敢正好能体现腹型人的特征。面临无法挽回的局面时，腹型人能够亲临现场进行指挥，一举扭转局势，是一个天生就有领导天赋的类型。同时腹型人也是有力量、讲义气、轻易不妥协的典型的领导类型。在职业网球教练中，经常以其非凡的领导力压倒对方的金银龙教练就是腹型人，他是率直果敢的"勇将"。

腹型人的处事风格倾向于先付诸行动，注重实实在在的、看得见的结果。他们在通过自己极强的号召力和挑战力，向人们展示自身力量的同时，强烈地渴望能通过巩固自己的领域，来获得别人对自身价值的肯定。对事业有着极其强烈的欲望，所以，会凭借不灭的热情孜孜不倦地工作。

他们不会因过去而感到后悔，也不会为将来作任何准备，只是努力地过好当前。比起为明天作准备，他们更倾向于努力争取今天的成果。所以，他们对金钱的观点是：现金才是钱。与将来的 100 万相比，他们更注重能够立即拿到手的眼前的 1 万元的价值。

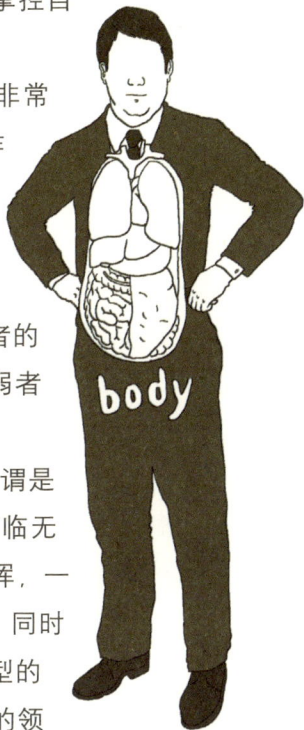

2.心型：感性派——随和与信任的"德将型"

通常情况下，心型的人脸型和身材都比较圆润，说话时语气温和，会撒娇。言行举止很有分寸，能有节奏感地向人传达自己的感情。无论对谁都是笑脸相迎，亲切，随和，具有能够引起人们好感的迷人外表。

心型人，用一句话来概括就是"感性派"。这类人非常懂得社交，极其重视与他人之间的关系。无论遇到谁，他们都能把握住对方的情绪，并以此来选择适当的话题，努力营造出和谐的氛围。感情丰富，善于体会他人的心情并产生共鸣，非常重视他人对自己的看法。因为他们会根据他人对自己的看法来确认自身的价值，所以非常关心自己是否能够给他人留下好印象，也渴望获得他人的肯定，倘若事与愿违，就会产生强烈的耻辱感。

如果发现对方对自己漠不关心就会感到非常伤心。生气的时候首先想到的不是如何找到问题的本质并解决它，而是试图释放自己受委屈的情感。生气或者想哭的时候，内心渴望周围的人能够注意到自己并帮忙打开心结。

他们非常重感情，所以工作时受谁指挥，与谁共事都会给其带来很大的影响。他们是社交方面的能手，人际关系处理得非常好，所以身边总是围着许多人。他们善于在人群中获取能量，认为人脉就是能力。这类人对金钱的概念是"人就是钱"。他们认为认识的人越多对自己的帮助越大，所以会经常亲自组织聚会或旅游，总之他们将大部分时间花在了与身边人的交流上。

按照将帅的角度分类，心型人是一员德将，是个值得部下信赖的，始终将仁德放在首位的人性化模范将领。在职业棒球教练当中，金仁植教练就是典型的

心型领导人。他认为仗是靠人打的，所以经常会考虑如何才能赢得人心。比如，对于犯错的部下他从不指责，而是用温暖的关怀来赢得部下的心。

他们总是喜欢回首过去，经常会对过去的事或人念念不忘。所以看起来是个感性的浪漫主义者。

3.脑型：理性派——战略与准备的"智将型"

通常情况下，脑型人的身材矮小或者瘦削，给人一种厉害刻薄的感觉。他们很少讲没用的废话，发表自己的意见时冷静、有条理且从不大声。一般喜欢有条理、简单明了的讲话方式，讨厌夸张繁琐。不喜欢和单位同事聊私事，也不喜欢靠闲聊来打发时间。通常会给人一种冷酷、不近人情的感觉。

用一句话来概括脑型人就是"理性派"。他们会理智、符合逻辑、旗帜鲜明地去解决一件事情，而且始终会为寻找最符合现实情况的方法去努力搜集信息。他们一向最关注事态和信息。脑型人就如字面意思一样，是一个智略超群的智将型将领，他不仅注重战略而且处事非常慎重。作战之前他们非常重视搜集有关战场和敌军的情报，认为与其白白浪费时间不如彻底做好准备，只要打仗就一定要打胜仗。举个职业棒球教练的例子，金在博教练就是智将型的将领。金在博教练就是典型的具有清晰明快的逻辑和理性思维的脑型人。即使是在赛场，他也能够打开自己的笔记本电脑，现场分析选手的状态以及对方选手们的资料，真不愧为数据棒球的典范。他所展示的战前准备性、分析力和计划性等恰恰是脑型人的主要特点。

脑型人做事倾向于先搜集资料和情报。他们会在自身习得的信息和知识当中体验自身的存在价值。遇到自己不了解的状况他们就会感到不安和烦躁。他们始终试图寻找巩固理论和主张的依据，求知欲望强烈。用一句话说就是始终坚守"要知道"的信条，倾向于

对任何事情都摆出一副学究式的姿态。对待金钱的概念是：知识、信息、创意就是钱。

在人际关系方面，偏爱独处，由于总是和他人保持着一定距离，所以会给人一种冷冰冰的感觉。具有不爱主动与他人交流，不轻易向人敞开心扉的性格特点。认为不按照程序去做就会受挫，为解决问题不惜一条条地打破沙锅问到底。当试图进行谈话，谈话却不随理性进行时，就会拒绝继续谈下去，因为他们认为这样做没有意义。对他们而言，谈话时将感情牵扯进来是一种愚蠢的行为。

脑型人对身心的安定和安全要求甚高，所以经常会感到不安和烦躁。为应对这种不安，比起对过去和当前，他们更关注未来。正因如此，他们会将多数时间用来为将来可能发生的事情作准备，事先制订好计划，并做好准备。

4. 会优先使用哪种能量？

假设正在读初中的弟弟，放学后和他的朋友打架，回家时眼睛都青了，鼻子还流着血。这时假设你不是大人，要你以一个初中一年级学生的身份去想问题。你会和弟弟说些什么，对他做些什么？

腹型人看到弟弟，会采取"行动"。肯定会一边问"是谁弄的"，一边拉着弟弟的手发着誓要去教训那个打了弟弟的人。

心型人则会动"感情"，他肯定会抱着弟弟哄着说："天啊，怎么办，疼不疼？"

而脑型人，由于是以"思考"为主的人，所以会边问"怎么回事"，边试图弄清楚之前究竟发生了什么事情。至于抱或者哄，应该是听过事情原委之后的事。

就这件事情来看，因为能量中心不同，所以说话或行为方式也会有所不同。但是这些问题都是相对而言的，并不是说腹型人就没有思考能力，脑型人就没有感情。不过是因为不同的能量中心决定了各型人的反应顺序罢了。腹型人优先考虑的是行动和结果，心型人优先考虑的是情感共鸣，而脑型人优先考虑的是状况和情报。请想想自己优先考虑的究竟是什么，然后再仔细观察一下，和你一起工作的同事或上司或者手下职员考虑的又是什么。

5.放电和充电

我们经常会说电池"没电了"，或者"充好电了"。人也和电池一样，有能量不足的时候，也有能量充足的时候。

脑型人和许多人在一起的时候会觉得非常累。因为与其他类型的人比起来他们体力比较差，所以运动一多，体力消耗就会加快，进而造成体力不支。在这种情况下，自己一个人待着或者休息可以帮助补充能量。脑型人补充能量最好的方法就是睡觉。由于脑型人是以思考为主的人，所以和其他两个类型比起来，对大脑的使用更加频繁。所以晚上要保证充足的睡眠，白天利用 10 ～ 15 分钟的时间让大脑休息，会对能量的恢复有很大帮助。

心型人能量的流失或补充，是由与之相处的人的类型决定的。如果是害怕孤独的心型人，那么自己一个人待着的时候能量就会流失。就算是和别人在一起，如果那个人不是自己喜欢的，能量反而会更加迅速地流失。心型人会选择与自己喜欢的朋友或亲爱的家人们相处，因为他可以在他们那里获得能量。当心型人心情不好的时候，和能够让他感到温暖的人见面，会起到补充能量的作用。

腹型人作为以行动为主的人，力量源头位于小腹部位。对于腹型人来说，如果遇到复杂且需要动脑的事情，能量就会流失。如果让实践能力强的腹型人静静地坐在那里进行思考，能量会流失得更加迅速。只有积极运动，多活动身体才能补充能量。与其他两个类型相比，腹型人活动量较大，所以摄取足够的食物也是补充能量的好方法。

Episode

脑型人需要独自一人休息

"脑型"性格的南代理正独自一人无精打采地坐在那里。

看到这情形，"心型"性格的组长走过去问道：

"南代理，有什么心事吗？"

南代理回答说："什么事情都没有。"

其实他只是累了，想自己休息一会儿。

组长又问道："那为什么一个人没精打采地坐在这里？"南代理没吱声，组长又说了一些开导人的话，试图让他和自己说说心事。

南代理再次回答说："真的什么事情都没有，只是在这里休息而已。"

人家正在休息，可组长却总来烦他，所以他觉得更累了。

而组长却因为担心南代理接着说道："要不这样，到了晚上我们一起喝一杯吧，我请客。"南代理一再推辞，组长硬是好心邀请。看南代理脸上有难色，无奈之下，组长只好说晚上再说。本打算晚上办完事回家好好休息一下的，这下没机会了，加上组长的一句晚上再说，南代理更是疲惫不堪了。

脑型人经常会一个人呆呆地坐在那里。其实那是在休息。如果这时心型人或腹型人为了帮他调解情绪而过去搭话，脑型人就会感到非常厌烦。希望你能够铭记，在了解了对方的性格类型之前以及不知道对方真正需求的情况下，如果以自己的方式盲目地表示关怀，就会给对方带来许多不便。

找到九分之一的"我"

　　如果从第一道关口出来的时候你已经找到了自己以及对方的性格类型，那么在第二道关口，我们要在那三个性格类型各自分出的三个岔口中，再选出一条路来。这一关就不像第一关那么好过了。这需要我们更加细心地去寻找属于自己的路。

　　在第一道关口，我们知道了脑型、心型、腹型，三者之间最根本的差别在于能量中心的不同，也知道了这一中心具有相对性。需要再次强调的是，不是说脑型人就没有感情，腹型人就不会进行理性思考。只是根据这一能量中心的不同，优先出现的反应不同罢了。

　　根据优先顺序，优先考虑理性判断的脑型人，会先去调查状况和情报；优先考虑情感的心型人，会先去寻找安慰和共鸣；而优先考虑行动的腹型人则会先考虑行动和结果。

　　同样是脑型的人，性格也会存在内向和外向之分。同样，也存在更加注重现实和更加感性的差别。这是为什么呢？原因很简单，虽然同属一类，但因为使用能量的方法不同，所以会被再次细分。简单地说，有善于使用理性能量的骨髓级脑型人和感性的脑型人，也有善于使用强活动性能量的脑型人。心型和腹型也存在着同样的问题。

　　于是，腹型、心型、脑型这三种类型重新又被分为以下九种类型。

　　　腹型　腹型式腹型（领袖型）
　　　　　　心型式腹型（和谐型）
　　　　　　脑型式腹型（改革型）

　　　心型　心型式心型（助人型）
　　　　　　脑型式心型（成就型）
　　　　　　腹型式心型（艺术型）

脑型　脑型式脑型（探索型）

心型式脑型（模范型）

腹型式脑型（冒险型）

这九种人格类型分类，是以九型人格（enneagram）图为基础，为使它能够在实际生活当中更好地被灵活运用而研究组建的。为寻求便利，本书分别为各个类型命了名：领袖型、和谐型、改革型、助人型、成就型、艺术型、探索型、模范型、冒险型。

那么，现在就让我们通过"性格测试"来确认一下，看看自己和对方究竟属于这九种类型中的哪一种吧。先来看看自己属于什么类型。

性格测试第二步：辨别九种性格类型

1. 辨别"自我"——我眼中的我

从下面的"（Ⅰ）～（Ⅲ）"，我们要看的是性格类型不同的人们独有的行为和特点。仔细读过后，请将与自己人生观和价值观以及行为特征最接近的类型选出来。

与其说这是在为了更好地适应社会而作准备，不如说是在为自己寻找内心的特性。所以一边回忆自己二十多岁，甚至是更年轻时候的样子，一边作出选择才会得出更加准确的结果。

（Ⅰ）和别人一起做事的时候，我会经常发表自己的意见，所以常常有人说我积极。我相信真才实学加上不懈的努力一定能所向披靡。一旦发现目标，我就会立即行动，决不会磨磨蹭蹭地浪费时间。只要是全身心地投入，集中力还算强。不喜欢静静地待着，开发新事物的时候会热情高涨。不喜欢遇事犹犹豫豫、徘徊逃避，喜欢从正面发起攻击。性子比较急，不善于等待。人们经常会因我的性格而受伤。

（Ⅱ）我不太喜欢出风头或与他人竞争。比起忙忙碌碌地活着，我更喜欢独自生活在自己的世界里。和熟人在一起的时候会很活泼，但是和陌生人在一起的时候就会感到害羞，而且表现得很内向。我总是喜欢幻想一些有趣的事情，可人们似乎不太理解。虽然和他人一起共事的时候，不会强烈地主张自己的意见，但是希望在只属于自己的世界里能成为最高领导人。一旦受到激励，就会永远不知疲倦地钻研下去。

（Ⅲ）经常有人说我责任心强，勤劳能干。我非常重视家庭和睦以及与家人之间的关系，努力坚守根本原则。虽然我没有特别的专长，但也经常会在台前幕后帮助他人。有时候即使对方没有委托，也会为了他人而牺牲自己的利益。当然，每当这个时候都希望人们能够理解我。我是个比较守约、恪守职责和义务的人，同时也是努力回应他人期待的人。诚实、勤劳，但有时非常保守、固执。偶尔也会有人说我有些单纯。

如果你已经从（Ⅰ）～（Ⅲ）中选择了一项，那么就接着来进行下面的测试吧。

选择了（Ⅰ）的人，就请在（Ⅰ）－A，（Ⅰ）－B，（Ⅰ）－C中再选出与自己性格最接近的一项。

选择了（Ⅱ）的人，就请在（Ⅱ）－A，（Ⅱ）－B，（Ⅱ）－C中再选出与自己性格最接近的一项。

选择了（Ⅲ）的人，就请在（Ⅲ）－A，（Ⅲ）－B，（Ⅲ）－C中再选出与自己性格最接近的一项。

（Ⅰ）－A 开朗活泼，人们都说我很有趣，和我在一起会变得非常开心。我理解能力强，反应快，喜欢新事物。喜欢新的技术和环境，而且想做的事情很多，业余时间会参加多种趣味活动。无论什么事情，总会在开始的时候制订好计划。到中途的时候可能会修改计划，也可能会放弃，因为我很快又会对别的事情产生兴趣。正因此也有人说我不懂得善始善终。我厌恶陈规和权威，和谁都合得来，尤其喜欢和孩子们混在一起玩。喜欢不分年龄地和所有人亲近。偶尔也会因为一句玩笑话使周围的人受到伤害。想避开过分真挚的情感、高涨的气氛和深刻或无聊的东西。

（Ⅰ）-B 喜欢享受朝着目标奋斗的过程。为了在有效时间内做好更多的事情，先排好顺序再进行日程管理，是快速达成目标的最佳方法。我认为只要事情能够办好，偶尔适当地调换规则和次序也无妨。经常听到别人说自己"有能力""会办事"。虽然平时在人际关系方面处得非常好，善于社交，但是认为用感情去处理公事是种愚蠢的行为。见到那些毫无计划或者慢慢腾腾做事，办事缺乏变通能力的人，会替他们感到着急。力求制订计划，充分利用日常生活中的所有时间，业余时间会用于增强体质、提高能力。我会为了实现成功的人生，让自己多学习各种知识，并努力工作，找到自己最终的位置。

（Ⅰ）-C 诚实坦白，有主见。做事直来直去，只要自己认为是对的，就一定会坚持到底。比起事情的经过，我更重视最终的结果。心里藏不住事情，不管对方愿不愿意听，都会当面直说。也许正因此，我才不喜欢和在人前装模作样在背后说闲话的人交往。我看见优柔寡断或不行动的人就来气。人们都说我"缺乏人情味，而且爱发火，但是从来不记仇"。人们好像从来都不知道，其实我的内心就像小孩子一样单纯。不希望让别人看见我脆弱的一面。喜欢讲礼貌，能坦率、自信地当面说出自己想法的人。遇到不公平的事情会挺身而出，遇到弱者会与其站在同一战线上，帮其解决问题或进行保护。我总是想变得更强一些，成为一个能够影响别人的人。

（Ⅰ）如果你选择的是A，那你就是倾向于腹型式脑型性格。（冒险型）
　　　如果你选择的是B，那你就是倾向于脑型式心型性格。（成就型）
　　　如果你选择的是C，那你就是倾向于腹型式腹型性格。（领袖型）

（Ⅱ）—A 想象力极为丰富，喜欢一个人梦幻般的驰骋于幻想王国里。我认为每个人的个性都应该受到尊重，渴望无拘无束、自由自在的生活。比较在意别人的看法，容易害羞。一旦喜欢上一件东西，别人的话就会变得无足轻重。虽非出自本意，但还是会有人说我是个"爱出风头"的人。人们说我非常"情绪化"，因为心情不好或者找不到那种强烈的感觉时，就什么事情都做不了。但是一旦士气得到了鼓舞，无论何时何地都能够热情洋溢。然而，人们似乎不能理解这样的我。我不愿意和毫无人情味、冷酷且总是强调规则以及不懂得格调、想法势利的人密切来往。

（Ⅱ）—B 喜欢理性合理的谈话方式。比起硬着头皮面对现实，我更喜欢客观地置身事外地进行更深入的观察。事情一旦变得复杂，就需要时间先让自己理清思路。能够根据已知的信息把握问题的关键，观望事态的发展，一旦想法成熟就会立即着手去解决。由于平时不轻易流露自己的情感，所以人们常说很难猜透我的想法。不善于处理情感问题，且认为情感会影响对事物的判断，所以尽量避免恋爱。与和人们在一起相比，我更喜欢一个人静静地读书或是玩电脑。不喜欢重复繁琐的表达，也不喜欢夸张的行为和嘈杂的说话声。而且无论参加什么样的聚会，都不喜欢出风头。

（Ⅱ）—C 认为为人处世还是圆滑点好。常常有人说我是个"容易相处的人"，也经常会有人来向我诉苦。很多情况下，我会为了成全他人而作出让步。不喜欢在众人面前出风头，更愿意在幕后默默地发挥自己的作用，并为整件事情的顺利进行奉献自己的力量。很多时候，觉得这个也对，那个也对，很难作出抉择。常常会在非要作出选择的关头进退两难。虽然人们都说我看起来悠闲自得，但事实上我是个性子急躁的人，而且总会有很多烦恼。见到自私、只顾坚持自己主张的人就会很生气，但由于忍耐性强，所以一般不会被别人看出来。一旦找到了自己喜欢做的事情，并下定了决心去做，就不会轻易退缩，所以也会常常有人说我固执。

（Ⅱ）如果你选择的是A,那你就是倾向于腹型式心型性格。（艺术型）

如果你选择的是B,那你就是倾向于脑型式脑型性格。（探索型）

如果你选择的是C,那你就是倾向于心型式腹型性格。（和谐型）

（Ⅲ）－A 努力坚守约定和根本原则。经常有人说我"虽然诚实,但是固执,缺乏变通能力"。不管别人怎么看,我只想成为一个无愧于自己良心的人。见到不守约或不遵守规定的人就来气。认为那是每个人都必须遵守的基本原则,正因为有了这些不遵守基本原则的人,集体利益才会遭受损失。见到这样的人,只要有机会我就会指出他的错误,而且会提醒他们下次不要再犯同样的错误。比起那些复杂的人,更喜欢单纯、老实、诚实、有责任心的人。相反,见到那些公私不分、只说不做的人就会生气。始终努力以身作则,讲究公平。

（Ⅲ）－B 重视信用和礼节,在做好准备的前提下工作,会感到踏实。平时不喜欢给他人增加任何负担,会认真履行自己的职责,所以经常有人说我是个"值得信赖的人"。一旦对人或团队产生了信赖,就会竭尽全力地付出,但在信任团队或他人之前会对团队结构、人的品行进行反复的确认。对于失信一次的人,很难再恢复信任,甚至会给人一种冷酷绝情的感觉。为了应对不确定的未来,时刻进行准备,制订计划,并最大限度地搜集相关信息,习惯事先做好最坏的打算。认为在毫无对策的情况下,盲目行动的人,是有勇无谋且不可信的。了解很多他人不知道的信息,但是却不喜欢自己的私生活或信息被他人所知。虽然不喜欢抛头露面,但在危急时刻却敢于站出来承担责任。

（Ⅲ）－C 因为喜欢和周围的人们友好地聊天并帮助他们,所以经常有人说我有人情味、亲切。经常关心他人的情感和身体健康。比起只为自己做事,更喜欢为大家做事。即使没空,但只要周围人开口请求,我就一定会尽最大努力予以帮助,而且只因对方的一句"谢谢"就会获得极大的满足。但是,那些不懂得感激,只知道为自己着想的人，不让我失望。做事过于小心谨慎，容易受伤，常常不敢和对方直说会伤害到别人的话。认为人性化的关怀比什么都重要。认为那些斤斤计较、自我主张太过强烈且容易破坏整体气氛、喜欢抢占功劳的人，都是只为自己着想的人。

Ⅲ 如果你选择的是A，那你就是倾向于脑型式腹型性格。（改革型）
　　如果你选择的是B，那你就是倾向于心型式脑型性格。（模范型）
　　如果你选择的是C，那你就是倾向于心型式心型性格。（助人型）

结论：我的性格类型是（　）型。

2.辨别"对方"——我眼中的他人

以下内容是为让你看清周围人的性格而准备的。在读完A～I各项之后，将与自己想要知道的人的性格相像的一项标出来，再数一下个数。不要考虑太长时间，每道题以3秒左右为准，选择最直观的显现在头脑中的那一项。

A‥‥‥‥‥‥‥‥‥‥‥‥‥‥‥‥‥‥‥（　）个

1.　他（她）非常诚实，所以心里有什么事情都藏不住。

2.　即使在他人看来根本办不到的事情，他（她）也敢从正面对其进行挑战。

3.　他（她）讨厌受人拘束，所以如果有人想介入他（她）的事情，他（她）就会敏感地对其作出反应。

4.　比起事情的过程，他（她）更重视结果。

5.　他（她）一旦确定好了目标就会全身心投入并且能够迅速执行。

6.　他（她）有时会随心所欲或非常自私。

B·· （ ）个

1. 他（她）不喜欢抛头露面或者与人竞争。

2. 他（她）不愿意说别人不爱听的话。

3. 他（她）这个人非常安详、稳重，而且愿意听别人诉苦。

4. 他（她）不太懂得拒绝别人，所以经常会为别人承担事情。

5. 他（她）不喜欢对问题或矛盾进行深入的研究，总是尽可能地去逃避。

6. 他（她）不喜欢变化，不到万不得已不会改变原先的做法。有时看起来有些懒。

C·· （ ）个

1. 有错时他（她）会坦率地承认错误。

2. 他（她）会迅速、准确地处理好自己负责的事情。

3. 他（她）不仅对自己的事情认真，有时还会去管别人的闲事。

4. 他（她）是个责任心强，对生活认真、诚实的人。

5. 有的时候觉得他（她）固执得缺乏变通能力。

6. 他（她）总是强调原则和规矩，同时要求他人也遵守。

D·· （ ）个

1. 他（她）平时待人总是很客气，并且以笑脸相迎。

2. 他（她）很合群，并且非常关照他人。

3. 他（她）总是希望能够随心所欲地控制他人。

4. 他（她）有时会对自己的事情不管不顾，而对他人的事情非常热心。

5. 他（她）做事总是畏首畏尾，所以容易受伤。

6. 比起独自一个人做事，他（她）和大家一起做事时表现得更积极。

E ·· （　）个

1. 他（她）擅长做业务日程和时间管理。

2. 经常觉得他（她）表面待人非常热情，内心却非常冷酷。

3. 他（她）看起来总是那么繁忙。

4. 对于成果不太显著的事情，他（她）不会认真去做。

5. 他（她）对上级一向毕恭毕敬，但是对下级却不理不睬。

6. 他（她）目标的指向性很强，自我管理做得很彻底。

F ·· （　）个

1. 他（她）是一个有人情味、有魅力、有情调的人。

2. 他（她）的情绪起伏非常大。即使是对一件小事也会忽而变得高兴，忽而变得忧郁。

3. 他（她）感情极其丰富，独特，难以相处。

4. 他（她）想象力丰富，具有创造性思维。

5. 他（她）不喜欢条条框框的标准，喜欢和别人对着干。

6. 他（她）喜恶分明，待人态度与众不同。

G ·· （　）个

1. 他（她）做事讲理、客观。

2. 即使是生气，他（她）也能够将情感排除在外，去客观地处理事情。

3. 比起和众人在一起，他（她）更喜欢自己一个人安静地待着。

4. 挺身而出之前，他（她）会事先在一旁认真观看。

5. 他（她）在花钱和向别人透露消息方面比较吝啬。

6. 他（她）话不多，总是暗自对他人不屑一顾，自以为是。

H ·· （　）个

1. 他（她）为人诚实，做事谨慎、顺从。

2. 他（她）消极，玩世不恭，疑心重。

3.　他（她）生活得非常中规中矩。

4.　对于长辈的话不会表示特别的反对，还算毕恭毕敬。

5.　他（她）考虑的问题太多，做事过分谨慎。

6.　他（她）很被动，缺乏果断性。

I ……………………………………………………………（　　）个

1.　他（她）对待生活比较乐观、积极。

2.　他（她）喜欢开玩笑或搞小小的恶作剧。

3.　他（她）缺乏集中力，没有耐性，散漫。

4.　他（她）具有创新思维，喜欢尝试新事物。

5.　他（她）非常机智、开朗，善于带动气氛。

6.　他（她）做事总是毛手毛脚，散漫，不懂礼貌。

选择的个数最多的就可能是对方的性格类型。以下是 A～I 的性格类型结果。

A— 腹型式腹型（领袖型）

B— 心型式腹型（和谐型）

C— 脑型式腹型（改革型）

D— 心型式心型（助人型）

E— 脑型式心型（成就型）

F— 腹型式心型（艺术型）

G— 脑型式脑型（探索型）

H— 心型式脑型（模范型）

I— 腹型式脑型（冒险型）

请观察一下公司内部或组织内部的人员，再将判断结果按照以下形式记录下来。

示例：（张部长）的性格类型属于改革型。

结果：（　　　　）的性格类型属于_____型。

　　　（　　　　）的性格类型属于_____型。

（　　　　）的性格类型属于＿＿＿＿＿型。

（　　　　）的性格类型属于＿＿＿＿＿型。

（　　　　）的性格类型属于＿＿＿＿＿型。

九型人格把脉

读心术是通过对方的面部表情、心灵感应、第六感、行为方式等来读懂对方的想法或情感的学问。据说，如果对人类的行为进行深入观察，可以培养出猜透人心的能力。

了解人的心理对于建立两人之间的和谐关系，顺利地进行思想交流是非常必要的。同时这也是无需提高嗓门，无需费尽心力，就可以从对方身上获得自己想要的结果的最简单的方法。为此，就让我们先来认识一下真正的自己，然后再去了解对方。之后，你会发现，你已经开始理解那个一直以来令你头疼的人了，就像看情节老套的电视剧一样，对方的下一步的行为和反应都会在你的头脑中自然而然地浮现出来。

那么，作为基本训练，我们先来了解一下九种性格类型的特点，并以此来了解对方吧。

相信弄清楚曾经不了解或理解有误的自身性格类型，将会成为回归真正自我的一个契机。同时你会渐渐了解曾经令你感到茫然，令你觉得"怎么会这样""为什么和我这么不和"的那些人的性格类型。

腹　型

腹型式腹型（领袖型）：追求强大，努力实现愿望

外号：

　　领导、拼命三郎、霸王、推土机、正义使徒、独角将军、单无自（单纯＋无知＋自以为是）

象征性动物：

　　老虎

代表人物：

　　演员金永哲、金惠秀、宋康昊、申恩庆；歌手金贤贞、黄甫；高尔夫选手朴世里、米歇尔、崔京周

外貌特征：

　　孔武有力，尤其是那双炯炯有神的眼睛会给你留下深刻的印象。无论眼睛大小，总是充满了力量。眼角微微上翘，平时双唇紧闭。通常身材都很魁梧，即使小巧也会给人一种精明强干的感觉。喜欢穿能给人留下深刻印象的服装，偏爱黑色、红色等原色。喜欢露出额头或将前面的头发梳到后面去。女士通常会将头发盘起来给人一种干练的感觉，而且喜欢大而华丽的首饰。

语气：

　　痛快、豪爽却又带着强硬与威胁。

　　声音和动作大而有力，浑身洋溢着自信，具有引人注目的能力。但是不够温柔，过于坚决，总是操着一副命令的口气。

Challenger

喜欢坦白，所以从来不拐弯抹角地说话或使用委婉的表达方式。

性格特点：

优点

具有明确的自我主张，坦率且果断。对于决心要做的事情，能够以惊人的速度推进。洞察力强，善于读懂对方隐藏的意图。具有保护弱者、守护正义的侠义心肠，所以一见到不仁不义之事就忍不住要去干涉。会对与自己有关的人负责到底，并会协助其不断成长。在团队面临困难时能够毫不犹豫地挺身而出，具有领导团队克服困难的决断力。责任心强，不会将责任推给别人。

缺点——过强的欲望

性格急躁，缺乏耐心和毅力。由于自尊心强，所以不会主动与人接近。看起来缺乏人情味且傲慢。以自我为中心，当自己的意见与他人的意见起了冲突时就会进行对抗，试图以力量取胜。一旦战斗开始就会进行猛烈的攻击，决不后退。极端，且常常以任何事情都要按照自己的意愿去办的独角将军形象压倒别人。

心型式腹型（和谐型）：倡导和平，追求和谐

外号：

小乖乖、小笨熊、菩萨、树懒、老顽固

象征性动物：

大象

代表人物：

演员白日夑、周铉、金惠淑、黄正敏、尹恩惠；主持人李金熙、姜秀静；足球队员薛琦铉

外貌特征：

不是很出众，有一张胖嘟嘟的安静且圆润的脸。目光柔和、舒适，静静地发呆时的眼神如沉思时一样深邃。由于身材大而且丰满，所以经常会给人一种身材圆润的感觉。女性的身体曲线柔和丰满，男性的身材也很养眼，能给人一种邻家大叔的感觉。与正装相比，更偏爱朴实、便捷的款式。总的来说，不太注重自己的外表。

语气：

温和、稳妥，但是不明确，慢吞吞。说话慢且柔和，几乎没有高低起伏。比起肯定的语气，更多的是委婉的表达方式。由于考虑的太多，所以无法立即将自己的意见有条有理地说出来。语气不明确，常常使话题变得模糊，并为自己留下余地。

性格特点：

优点

性格柔和，谦虚，心宽。没有偏见，能够站在整体的角度上多层面地考虑问题，并能换位思考，采纳不同意见。不会走到众人面前炫耀，只在背后默默地履行自己的职责，并推动整个事情顺利发展。把周围人的烦恼当做自己的烦恼，努力去排除和解决。拥有圆满的人际关系，值得信赖，而且比较稳定。具有能够综观大局、把握整体状况的能力，所以可以不偏不倚地进行仲裁。具有耐心和毅力，能够将事情进行到底，有股冲劲。

缺点——惰性

习惯把该做的事情往后拖。总会因为照顾别人而耽误了自己的事情。为了保持身心的安逸，不愿意去尝试新事物，反对变化。不善于去解决问题，总是为了逃避矛盾而掩盖问题，从而使问题更加激化。由于考虑的方面太多，所以决定一件事情需要花费很长的时间。优柔寡断，经常固执地纠缠于毫无效率的事务中。

脑型式腹型（改革型）：追求完美的同时不懈努力

外号：

宿舍管理员、竹片、FM、啰嗦鬼、努力派、完美主义者

象征性动物：

黄牛

代表人物：

演员李顺才、全圆周、吕运计、李韩伟；警察局局长金康子；总统朴正熙、卢武铉、李明博

外貌特征：

一般情况下，脸型较长或者是有棱有角的那种，下巴比较尖，颧骨比较突出。眼睛呈眼角上翘的一字形。目光给人一种锐利、坚定的感觉。指甲始终整理得干干净净。虽然平时面无表情，紧闭双唇，不爱笑，可一旦笑起来表情就会变得天真烂漫。标准型身材，姿势为一字形，结实挺直。不管是男是女都比较喜欢朴实整洁的服饰。紧张或惊慌的时候会不停地微微点头、眨眼或皱鼻子。

语气：

一副教训或指责人的口气。说话不仅声音大，而且速度快，比较尖锐。通常能够把自己的意图直接准确地表达出来。但是由于说话时的语气太过坚决，总是使用"一定要""必须"等告诫的语气，所以会给听者一种被教训的感觉。

性格特点：

优点

　　任何事情都能够做到以身作则，具有迅速执行事务的能力。勤勉不懈、兢兢业业的作风是他人的榜样。善于寻找自己和他人身上的缺点，并极力将其改得尽善尽美。为了使团队能够朝着更好的方向发展而努力工作。坚守原则，以集体利益为重处理问题，所以被人信任。始终秉着自己的良心和原则做事，自我管理做得非常好，具有自制力。为了大家的利益可以牺牲自己的欲望，有责任感，不会轻易和自己妥协。

缺点——对失误感到愤怒

　　过分认真细致，而且玩世不恭。由于追求完美，所以很少会有看得上眼的人。凡事都要按照规矩、原则办事，缺乏变通能力。一旦违背了原则，不仅是自己的错误，就是他人的错误，也会大胆地揪出来并予以指正。喜欢用自己的原则强求别人，会对不符合自己标准的人发火。

心　型

心型式心型（助人型）：渴望得到爱且乐于帮助他人

外号：

志愿者、小可爱、天使、事妈、吹牛大王、傻瓜、村委书记、村长

象征性动物：

小狗

代表人物：

演员宋慧乔、张瑞希、尹多铉、孔形真、金灿佑、任现植；笑星尹正洙

外貌特征：

外表看起来胖乎乎的，始终都是一张笑脸，心情好的时候会眉开眼笑，心情不好的时候会笑得很不自然。一般男性皮肤较黑，女性经常会害羞般的缩起双肩。对着人的时候，喜欢眨着眼睛迅速地观察一下周围人的眼神。穿着朴实，喜欢穿柔和、舒适的针织服或者衬衫等。比起大而华丽的首饰，更喜欢小首饰，男性通常会挂一条项链，女性则喜欢戴一些精美可爱的小发卡。惊慌的时候脸会立即变红。生气或者感到不满的时候会皱起眉头，摆出一副可怜兮兮的样子。

语气：

友好、亲切的语气。但有时也会突然变得激动起来。声音

Helper

比较温柔、慈祥，会害羞似的表明自己的立场。善于察言观色，并为了迎合对方的意思随声附和。非常关心他人的变化，而且经常赞美别人。无法明确地说出自己想要的东西，总是拐弯抹角地表达。容易激动，而且激动的时候声音也会变得激昂起来，并富有攻击力，非常冲动。

性格特点：

优点

亲切、和蔼可亲。对周围的人很友好，容易结成亲密的关系。通常思路比较清晰，积极，经常夸奖、鼓励身边的人。同时还具有先照顾、帮助他人的利他主义精神。竭尽全力帮助那些需要帮助的人。善于察言观色，懂得把握对方的情绪并配合对方。对任何事情都非常积极，几乎和所有的人都能够和睦相处，所以有时也会充当联系人、中间人的角色。

缺点——渴望自己的付出能够得到回报

当自己对他人的付出得不到相应的回报时，就会感到非常失望。因为总是过于热情，所以经常会给朋友、家人、公司的同事带来一种过分积极的感觉。想利用交情巧妙地控制、操纵他人。非常在乎情感的表达，所以总渴望自己曾经帮助过的人，能对自己的付出作出一点点回应或者说一些感激的话。如果对方没有这样做，他们就会受伤，并变得歇斯底里，甚至突然变得具有攻击性。

脑型式心型（成就型）：渴望成功并且努力提高能力

外号：

精英、变色龙、超人、主持人、工作狂、机会主义者

象征性动物：

雄鹰

代表人物：

演员金泰熙；播音员朴庆林；歌手宝儿、郑智熏、瑜卤允浩、Junjin；政治家郑东泳；主持人白志衍、郑银娥；棒球选手朴灿皓

外貌特征：

利落干练的形象。给人一种充满自信、威风凛凛的感觉。眼睛就像雄鹰的眼睛一样内侧眼角朝下，而且非常锐利。虽然平时脸上总是洋溢着微笑，但工作的时候眼神就会变得严厉起来。左右来回转几下眼珠，就能够把握对方的意图和全局。微笑具有魅力而且矜持，偶尔还会显得有些虚伪。即使身材矮小，男人也是结实强干的，而女人也是精明干练的。腰杆直挺，姿势庄重。喜欢穿整洁、气派的正装，并且会根据不同的场合穿着不同的服装。

语气：

自信洋溢、充满魄力，偶尔会用一种鄙视人的语气。语速快、精练，言语间充满自信。虽然声音不大，但是口齿清晰，能够明确地向别人传达信息。和重要的人谈话时非常和气，然而对那些次要的人则会使用一种蔑视、教训人的语气。忙的时候还会用一种不耐烦的语气。

性格特点：

优点

充满自信，积极向上，精力充沛，具有强烈的欲望。努力发展自己，并具有广泛的人际关系。具有明确的目标，有能力，做事讲究效率。树立好大大小小的目标之后，会为实现目标而

制订计划，并迅速地推进。不仅在工作方面，就是在生活上也会为了有效地管理时间而制订一系列的日程。具有很强的随机应变的能力，所以就算事情不能按照预设的方案进展，也不会惊慌失措，而且还能够根据当时的具体情况，找出最恰当的应对方案。

缺点——弄虚作假

害怕会给别人带来一种不会成功或者已经失败的印象。为了给他人留下一个好的印象，会装出非常得意的样子，并掩饰自己的真正面目。总是与他人进行比较，竞争意识过于强烈。为了能够在竞争中得胜，偶尔还会使用一些小伎俩。经常疯狂地工作，以至于疏远了周围的人。经常把自己广泛的人脉当做是实现目标的工具。

Episode
背信弃义的成就型

销售部的成就型申代理、艺术型吴代理和探索型周代理，三人正聚在一起谈论关于新商品的话题。

周代理："这次推出的新商品好像定错了目标。"

吴代理："是啊，定位就错了。"

申代理："我想，这个商品可能更适合40多岁的家庭主妇们。然而我们定位的对象却是20～30岁的单身女性。简直驴唇不对马嘴。下午3点开会的时候，我们一起和副主任提一下，把目标改改。"

谈到最后，周代理开始取笑起改革型副主任来："不管副主任再怎么好，在这个计划上，他的创意都是有问题的。他是不是也太不懂得变通了啊？"申代理和吴代理也随声附和着表示赞同道："没错，什么事情都想按照原则去办。""真让人憋气。"

终于，下午3点的会议开始了。当周代理和吴代理建议修改新商品的目标时，副主任却反对说目标定位没错，并固执地坚持己见。讨论进行得非常激烈，只有申代理异常安静。当副主任问"申代理，你怎么想"的时候，申代理却回答说："我认为还是按照原来的计划进行比较好。"

听完这话，吴代理和周代理瞠目结舌地看着申代理，吃惊得说不出一句话来。开完会出来的时候，吴代理和周代理气愤极了，他们无法理解申代理的背叛。

往往，成就型的人就算持有不同的意见，但只要上司说A，他就会跟着说A。这是想要通过得到上司的肯定，来取得成功的欲望太过强烈的缘故。与其在一起的其他类型的人常常会因为成就型人的表里不一，而产生被背叛的感觉。

腹型式心型（艺术型）：渴望成为与众不同的人

外号：

> 王子、公主、艺人、赶时髦的人、爱装蒜的人、吊儿郎当的人、局外人

象征性动物：

> （浪漫）小猫

代表人物：

> 演员严正化、崔民秀、张美熙、丹尼尔·亨利；声乐家赵秀美；歌手徐太志、朴金英、金C；设计师 Andr Kim；足球选手安贞焕

外貌特征：

> 整体说来，自身个性非常突出，经常有人说他们外表独特。帅哥靓女居多。即使不是帅哥靓女，其帅气的打扮也会吸引众人的眼球。深邃、水汪汪的眼睛和不直视前方而向远处望去的视线，会给人一种很特别的感觉。姿势始终保持着15度或45度的倾斜角。服装款式非常多，甚至很难用一种样式来形容。有偏爱高贵、华丽服装的人，也有喜欢自由奔放和怀旧风格服装的人。

语气：

> 慢且具有节奏感的语气。发起火来会歇斯底里。安静、缓慢的语调，经常会将尾音拉长。男性大多都是中低音。说话前总是先用"嗯……"、"那个……"等打好铺垫，以引起人们的注意。经常会使用一些其他人不常使用的独特的表达方式或带有讽刺性的话。说话语气常随着情绪变化，生气的时候会变得

玩世不恭或歇斯底里。

性格特点：

优点

　　重视与身边人的关系和感情。温柔、亲切，给人一种家人般的感觉。善于体察人心，并经常鼓励对方。想象力丰富、具有创造力和独创性。具有一双善于发现美的眼睛。喜欢以自己的独创性带动流行，并创造出一种新的文化。有极高的热情，想登上事业的最高峰，好胜心极强。做事的时候非常投入，收尾的时候也很完美。

缺点——嫉妒心

　　容易妒忌别人，嫉妒心很重。如果在同一领域里有比自己更有能力的人，就会有想超过人家的想法或妒忌人家。讨厌被规矩或条条框框限制，喜欢自由自在随心所欲地行动。为人不仅难以相处，还很敏感，经常把小事情解释得非常夸张。情绪起伏很大，在一天之内要经历好几次的开心、伤心、自豪、嫉妒等极度的情感波动。有的时候看起来像得了忧郁症一样，有的时候会深深地沉浸在以自我为中心的想法中，固执地耍性子。

脑型式脑型（探索型）：追求智慧，善于观察

外号：

教授、机灵鬼、军师（诸葛孔明）、狐狸、遥控器、守财奴、战略家

象征性动物：

猫头鹰

代表人物：

职业围棋手李昌镐；电影导演任权泰；笑星田및城、郑亨顿、金济东、宋银儿；主持人王英恩；政治家金槿泰

外貌特征：

宽大的五角形脸。整体看上去，头有点大。通常脸都是胖乎乎的，而额头比较宽。女性脸比较黑。平时面部几乎没有表情，即使是生气的时候也只是皱皱眉头。不太喜欢打扮，喜欢穿舒服的针织服或款式简单的服装。通常衣服的颜色也会选择不怎么显眼的中间色，所以会给人一种非常朴实的感觉。

语气：

要么一字一句地说，要么就是一种冷漠、不夹杂任何情感因素、玩世不恭的语气。虽然声音不大，但是口齿清晰，喜欢简明的谈话方式，讨厌说重复性的语言。即使讲话的时候，面部也毫无表情，就像是在唇语。几乎从不看别人的眼色说话或

者拍马屁。总的来说，话比较少，但只要话题涉及自己熟悉的
领域，就会变得滔滔不绝。

性格特点：

优点

　　具有惊人的观察力和分析力，不管多么错综复杂的事情，
只要看一眼就能把握整体状况以及核心问题。平时喜欢深入地
观察和思考问题，不仅非常关心表面现象，对用肉眼看不见的
核心原理也非常重视，这为他的行动提供了可能性。看事比较
客观，富有逻辑性，具有很强的判断力。通常会具有某一领域
的专家级水平的知识和见识。就是在发生复杂、难以应对的问
题时，也能够控制自己的情感，并以冷静的头脑去认认真真地
解决问题。不喜欢白白浪费精力，会制订出能够以最少的精力
去换取最大成果的战略方案。

缺点——吝啬

　　因自己的智慧而骄傲、自满，有的时候还会错误地认为自
己是团队里最聪明的人，非常吝啬于与他人共享最新资料，不
愿意向人们展示自己的洞察力和见解。实践能力不足，不愿意
当面站出来，总是想先退一步，再制订和调整战略。认为构建
人际关系，也是一种能量的消耗，所以更喜欢自己一个人待着。
正因此，别人很难与之沟通。

Episode

"探索型"的关怀

艺术型职员在工作中遇到了自己不懂的问题，就会去询问探索型上司。

职员："科长，嗯……这部分我不太懂。"

科长："那又怎么样？"

职员："啊？"

突然间忘记了自己要说什么的他，过了好一会儿才定住神说道："所以过来请您赐教。"

于是，科长查了查书架，说了句"在这里"，便把一本书递给了他。

职员惊诧地望着科长。

而科长却说："这本书里都有，你读一读。"

"啊，好的……"职员说着回到了自己的位置上。

人家去寻求帮助，却只扔过来一本书，这种上司真是可恶。

"自己聪明就了不起了吗？哪有这么瞧不起人的！"

探索型的人在提供信息方面比较吝啬。但是对于重视书籍的"探索型"来说，借书本身就已经是极大的关怀了。

心型式脑型（模范型）：渴望安全，忠诚

外号：

模范生、书生、少奶奶、贤妻良母、多疑的人、安全检查表、保守派

象征性动物：

鹿

代表人物：

演员李英爱、全仁花、金花爱、韩石圭；主持人孙硕熙、孙范秀、张世真；政治家朴槿惠

外貌特征：

整体上给人一种文静、利落的感觉。虽然表情没有多少变化，但始终都是一副笑脸，而且目光慈祥。善良的眼睛似乎充满了忧愁与烦恼。一贯保持良好姿势的他们，喜欢害羞似的微微缩背。喜欢穿中色系、朴素、庄重且保守的服装，所以会给人一种整洁且有些拘谨的感觉。男性就像梳着二八分头的模范生，而女性通常都显得清纯可人。

语气：

镇静、慎重，似乎对任何事情都有些担心的语气。平时说话声音小，但是冷静且沉着。因为总是克制自己的情感，所以会给人一种缺乏人情味、呆板的感觉。对任何事情都考虑过多，遇事总是消极地先去担心"该怎么办"。遇到不公平的事情或者与自己责任相关的事情时，就会变得非常敏感且说话带有攻击性。

Loyalist

性格特点：

优点

重视信用和礼节。诚实、谦虚、责任心强。对待值得自己信赖或信赖自己的朋友、家人、工作单位、同事，会用一种温情主义态度，而且可以为了他们牺牲自己，并竭尽全力。为了能够应对不确定的未来，时刻做着准备。因为遇事总是事先想好最糟糕的情况，并预先做好准备，所以应对突发性事件的能力极强。虽然平时看起来非常消极，但是危机时刻总能果敢地去面对并克服困难。

缺点——不安

老是以为自己的处境非常危险，所以会忧虑、担心，感到不安，并时刻都要对周围的状况进行确认。由于总是担心会发生危险，所以平时经常会做周密的调查或准备，使身边的人觉得很累。不会轻易地相信别人，警惕心很重，总会无端地怀疑别人。比较保守，因而在创新和思维灵活性方面稍差。体质不是很好，因为平时忧虑和烦恼过多，所以疲劳感来得较快。

腹型式脑型（冒险型）：希望幸福与快乐并存

外号：

冒失鬼、麻雀、八面玲珑、小流氓、淘气包

象征性动物：

猴子

代表人物：

笑星刘在锡、李敬儒、申东晔、金蓉万、金美花、郑善熙；歌手李孝利、金健模；演员金元熙、金正恩

外貌特征：

也有脸又圆又胖的，但大多数都是瘦削的脸。胳膊、腿、手指修长，牙齿比较突出。不论男女，一般皮肤都比较黑，脸上总是摆着一副充满了好奇和淘气的顽皮表情。经常转动着眼珠观察别人的脸色，眼角稍微向下耷拉着，女性眼睛通常看起来都笑眯眯的。高兴的时候脸色红润，双眼炯炯有神，但是平时看起来却给人一种冷冰冰的感觉。在感到无聊或者疲倦的时候会皱起眉头或者变得毫无表情。由于缺乏安全感，所以坐着的时候总是不停抖腿、用手转动圆珠笔或者用嘴叼着笔。偏爱单薄、开放的服饰。

语气：

轻快、明朗，却又毫无礼貌、伤人的语气。语速就像机关枪一样快，声音大，表情也很丰富。为了搞笑偶尔会说一些夸张的话，从而给身边的人带来快乐，但有时人们也会因为他们轻浮、虚伪的语气，经常性的玩笑和恶作剧，说他们没有礼貌、玩世不恭。一旦心情不好，就会使用挖苦、攻击人的语气。

性格特点：

优点

开朗活泼、富于创意、充满活力。对新环境的适应能力强，喜欢开展新事物，喜欢充满刺激的冒险。好奇心强，求知欲旺盛，学什么东西都比较快，具有能够同时处理多个事情的能力。喜欢将自己知道的事情告诉他人，多才多艺而且非常幽默。想做的事情很多，所以每逢假期都会去参加各种各样的趣味活动。

缺点——散漫

讨厌被形式或条条框框束缚。总是喜欢去尝试新的事物，所以比较散漫，无法将开了头的事情顺利地完成。不够耐心，缺乏毅力，习惯稀里糊涂地完成工作，所以也有人说他们不负责任。善于推卸自己的责任。不够认真，缺乏城府，冲动，自制力弱。有时还会沉浸在根本无法实现的计划和幻想中，活得不现实。

冒险型的失误

制作文件的时候，难免会发生一些打错字的情况。

在这九种类型当中，冒险型就属于经常打错字的那一类型。

冒险型李代理正在制订报表。

制订报表遇到了麻烦，就打开其他的业务文档继续进行作业。

又觉得无聊了，就又重新打开一个新的文档。

过了没多久，他又开始重新制订起报表来。

制订好报表，检查了一下结尾，接着把报表打印出来，然后交给了领袖型上司。

可上司读着读着竟皱起了眉头。

原来，报表上的错别字实在是太多了。

上司："这是什么东西？错别字还不止一个，都几个了？"

李代理："啊，是吗？我读了一遍，检查完了才打出来的……"

上司："能不能不要重复修改，给我一次性做得利索一点不行吗？错别字的事情已经不只一两次了吧？不要光是检查前面的部分，从头到尾都要好好检查一遍。给我重新做好再拿过来！"

冒险型的办事速度在所有类型当中是最快的。但是每次都会有失误的地方，要么是打了错字，要么是将某一部分给落掉了。然而领袖型和改革型是接受不了这种失误的。他们的性格使他们在做事的时候总是追求完美。任何瑕疵都会影响他们的心情，就像一张沾上了灰尘的白纸，看一眼就会让人失落万分。

Episode

冒险型的不禁失笑

　　冒险型的冒失鬼尹代理和往常一样，今天又犯了事儿。

　　端着咖啡正漫不经心地四处张望着，一不小心，将咖啡洒在了非常注重形象的成就型张代理衣服上。

　　瞬间，张代理惊慌得喊道："妈呀，这是什么呀？"

　　尹代理嘴里说着"对不起"，可总是忍不住想笑。

　　见尹代理在笑，张代理的心情就变得更加糟糕了，他生气地冲尹代理嚷道："你这是道歉的态度吗？我有那么好笑吗？"

　　然而尹代理却还是在不停地笑。

　　"哈哈哈！不是的，对不起张代理。哈哈！其实我也并不是真的想笑……哈哈哈哈哈哈……"

　　见此情形,张代理也只好说声"算了",然后便生气地离开了。

　　冒险型在恐惧、惊讶或者感到愧疚的时候，会不由自主地开始发笑。这其实是冒险型无法忍受难堪的场面而做出来的无意识反应。明明知道在那种情况下不该笑，却总也忍不住。正因此，冒险型常常会引起人们的误会。

对容易混淆的类型进行区分

了解自己和对方的性格类型了吗？在这一过程中，你是否因无法区分两种相像的类型而绞尽脑汁了呢？那么，让我们通过以下对比说明来彻彻底底地了解一下吧。根据统计得知，有些类型是非常容易被混淆的，所以了解各类型之间的共性和差异，对正确判断和掌握自己以及对方的性格类型是非常有帮助的。

领袖型（腹型式腹型）VS成就型（脑型式心型）

相同点：

既是野心家，又是工作狂。

· 有些自以为是，具有强烈的好胜心，所以不甘服输。

· 积极主动，喜欢领导别人。

不同点：

1. 领袖型通常公私不分，常常会因为过于率直而无法妥善地处理感情。生气的时候心事都会在脸上表露出来。成就型虽然也公私不分，但是善于调解感情。

2. 领袖型通常一次只集中处理一件事情，而成就型一般都是制订好计划之后，将事情分开来做。

3. 领袖型喜欢支配别人，希望能巩固自己的地位，对成功的渴望非常强烈，同时也渴望能够得到与自身地位相应的待遇。与借助于他人的力量相比，更喜欢靠自己的力量来取得成功。而成就型追求成功的原因是为了能够得到人们的肯定。而且会为了取得成功灵活地运用人际关系。

领袖型（腹型式腹型）VS艺术型（腹型式心型）

相同点：

· 都是多血质，而且无法抑制自己的情感。

· 打肿了脸也要充胖子，追求高品质。

· 自尊心强，非常敏感。

不同点：

1. 领袖型虽然比较敏感，但也有心粗的时候；而艺术型不但敏感，而且性格细腻。

2. 领袖型不善于对人表达自己的爱以及感激之情，然而艺术型在表达自己的情感时不但自然，而且非常擅长。

3. 领袖型在生气的时候会像火山爆发一样，而艺术型在生气的时候则会给人一种在暴躁地使性子的感觉。

4. 领袖型认为对于自己极其器重的部下，只有帮助他们独立发展，才是真正地对他们好。而艺术型则希望能够将自己信任的部下永远地留在身边。

Episode

领袖型究竟什么时候会辞职?

临近下班的时候，领袖型金代理去申请组长的批示。听了一句指责的话之后，他便非常生气地冲出了办公室。

看着怒气冲冲的金代理，助人型李代理担心地跟了过去。

金代理将批示的文件扔到地上，发起火来。

"真他妈的恶心！当上司就了不起了吗？我不干了！"

李代理看到这一场景，认为事情很严重，于是下决心要帮帮金代理。

"金代理，虽然我不知道究竟发生了什么事情，但你还是忍忍吧。"

金代理早已火冒三丈，说什么都已经听不进去了。

"算了，与其受组长的气，还不如撂挑子走人！"

李代理回到了办公室之后，就开始向其他同事传达这一消息。

"这可如何是好。明天开始金代理就不再来上班了。好像和组长大干了一场。"

于是，大家都认为金代理马上就要辞职不干了。

第二天，已经消了气的金代理和往常一样来到单位上班。

在场的同事们都在非常奇怪地看着他。

一个同事走过来问他："金代理，听说你要辞职？"

金代理觉得这非常荒唐，所以问了句"什么话？谁说的？"便和往常一样开始认真地工作了。

领袖型的人生气，只要爆发出来，就能够渐渐平息，并找回自己先前的理性。虽然爆发的时候非常恐怖，但他这一类型从来都不会把仇恨和愤怒真的放在心上。其实事情是这样的：领袖型的人生气时随口说出来的话，被助人型当了真，并将消息传了出去。

和谐型（心型式腹型）VS助人型（心型式心型）

相同点：

· 积极向上，待人亲切。

· 经常会有人说他们人际关系处得非常好。

· 不善于讲别人的坏话。

不同点：

1. 和谐型平时说话、行动都比较慢，会给人一种真诚、厚重、踏实的感觉。而助人型则生机勃勃，说话和行动起来都比较快，同时具有有趣、可爱的一面。

2. 和谐型一般不喜欢干涉别人的事情。虽然对自己周围的信息非常关注，但是对于他人的私生活却不感兴趣。而助人型则往往会主动地向别人表示关心，而且喜欢干涉别人的事情。助人型通常对他人的兴趣、情感状态和人际关系等私生活都非常了解，而且经常会与他人共享这些信息。

3. 和谐型受外部环境影响比较小，往往努力推进自己想要做的事情。而助人型则会对自己所处的环境变化立即作出反应，并且受到的影响比较大。

4. 和谐型平时注意了解对方所厌恶的东西，因为他认为只有当了解了对方所厌恶的东西之后，才能避开矛盾，给予关怀。而助人型却更加关心对方所喜欢的东西，认为只有关注对方的喜好，才能够更好地与人相处，并给予帮助。

改革型（脑型式腹型）VS成就型（脑型式心型）

相同点：

· 性子急。

· 富有逻辑性，注重能力。

· 认为自己有才能，从而不善委托他人。

不同点：

1.改革型渴望成为守信的人，而成就型则渴望成为一个有人气的人。改革型注重信用，不太关心与他人之间的交流，而成就型则善于交流，而且经常会友好地主动靠近他人。

2.改革型注重原则，而成就型注重效率。改革型做事主张即使慢点，也要认真去做，所以经常会得到"不懂得变通"的评价。相反，成就型则喜欢凡事都快点进行，所以能够充分地发挥其随机应变的变通能力。必要的时候会使用一些小伎俩。

3.改革型不在乎自己所负责的事情是否重要，他的责任心随处可见。然而成就型对于自己认为不太重要或者对自己没有太大利益的事情，就会马马虎虎地去处理。

4.改革型和成就型都非常重视制订计划，但是改革型习惯简单地记住重要的事情，而成就型则喜欢在日记本里写好详细的时间表并进行管理。

5.改革型靠益于身体健康的饮食、慢跑、登山等来管理自己的健康，而成就型则喜欢通过健身、游泳、打高尔夫等有利于培养人脉的运动，来进行健康管理。

改革型（脑型式腹型）VS模范型（心型式脑型）

相同点：

· 正直、诚实、责任心强。

· 喜欢明确的业务方针。

· 多疑。

不同点：

1.改革型对原则以及纪律法规等非常顺从，然而模范型却只对自己所从属的组织顺从，而且会将所有的重点都放在维护组织的安全上。对于改革型来说，即使是组织委派的事情，只要违背了他的道德和原则，他就会予以反抗。然而对于模范型来说，只要是自己信赖的组织，他就会绝对地顺从。

2. 改革型一旦收到了业务指示，就会迅速地作出决定并立即实行。而模范型在付诸行动之前则需要将想法进行整理并制订出计划。

3. 模范型通常不会轻易地将自己的想法告诉他人。如果坚持向他询问，他说出一点儿后，就不会再开口了。而改革型则不同，即使没人问他，他也会主动地说出来，并予以讲解。

4. 模范型无论是伤心或者生气都不容易被别人看出来，他会将心事通通埋藏在心里，从不会在表面上讲难听的话，或者显露出难看的表情。但对于自己不满意的事情，他却会长时间地耿耿于怀。相反，改革型则属于多血质，所以无论有多么大的火气，只要得到了对方的肯定，就会立即消气，也不会再放在心上。

5. 面对他人的错误，改革型会通过不断的指点来帮其改善，然而模范型则只是一味地观望，一直在心里忍让，如果错误次数超过了三次，他就不会再予以理睬了。

助人型（心型式心型）VS冒险型（腹型式脑型）

相同点：

· 积极向上。

· 始终带给人们快乐的开心果。

不同点：

1. 助人型是重视他人感情并全心全意为他人着想的人。而冒险型则不然，开始的时候他们对人很好，可很快就会感到厌烦，一旦发现对方开始依赖自己，就会立即变得冷淡或干脆撒腿跑掉。

2. 助人型讲话通常比较委婉、迂回，相反，冒险型讲话则非常直接。

3. 助人型比较在意他人的看法，而冒险型则对他人的看法不太关心。就是在选择服装的时候，助人型也为他人的看法着想，进而去选择比较朴素的衣服。冒险型则不同，为了穿自己喜欢的衣服，就算引起他人的嘲笑，也会大胆地去尝试。

4. 即使是觉得无聊，助人型也会将微笑坚持到最后，然而冒险型如果感到无聊就会变得心不在焉，甚至调头去做别的事情。

成就型（脑型式心型）VS冒险型（腹型式脑型）

相同点：

· 乐观且外向。

· 性子急。

· 做事注重效率，能够迅速进行。

不同点：

1. 成就型懂得礼貌且衣冠整齐，而冒险型则精神饱满，同时给人一种个性突出的感觉。

2. 经常有人说成就型是工作狂。因为成就型处理事情非常迅速，就好像是在被时间追赶一样。冒险型则非常注重娱乐，所以他会为了有时间寻找其他乐趣而迅速地处理事情。

3. 比起拿出新的创意，成就型更注重在原有创意的基础上重新对其进行修改并包装。冒险型则不然，虽然在整理原有创意方面有些欠缺，但始终能够拿出一份新的创意来。

4. 成就型认为只要是计划好的事情就一定要去实现，而且他的整个人生都是在完好的计划中去进行的。相反，冒险型则会将意义放在制订计划本身上，并认为即使是制订好的计划也可以随时进行修改。

艺术型（腹型式心型）VS冒险型（腹型式脑型）

相同点：

· 由于个性强，所以到哪儿都会引起人们的注目。

· 具有强烈的好奇心，富有创意。

不同点：

1. 艺术型喜欢追求完美，即使是一件非常简单的事情，也希望能够做到极致，并努力寻求更深一层的意义。而冒险型则具有同时处理多个事情的能力，也喜欢在日常生活中同时去处理多个事情。

2. 艺术型随细腻的情感而动，情绪起伏比较大，而冒险型则有些缺乏情感，经常会产生能量的起伏，而不是情绪起伏。

3. 冒险型善于追逐流行，而艺术型则更执著于属于自己的风格款式。给大家举个 2002 年世界杯的例子吧。当许多人身着红色 T 恤，大声喊着"大韩民国"涌入光化门的时候，有一群人身上穿着红色 T 恤、脸上涂着漆、头上绑着太极旗手巾、手里拿着用来加油的木棒，正在扯破嗓子呐喊助威。这群善于营造气氛的人就是冒险型。与此相反，身着白色衣服，安静而又优雅地坐在电视前观看节目的人就是艺术型。

探索型（脑型式脑型）VS模范型（心型式脑型）

相同点：

· 看起来安静且有些冷酷。

· 重视隐私。

· 对知识和情报具有强烈的求知欲望，并具有渊博的学识。

不同点：

1. 探索型会给人一种淳朴的感觉，而模范型则会给人一种彬彬有礼、干净利落的感觉。

2. 探索型面对问题的时候，侧重于考虑解决方案，而模范型则侧重于考虑问题的核心。

3. 探索型会对重要的情报进行深入的分析，而模范型则会对多种情报进行广泛的搜集。模范型致力于搜集各方面的材料，而探索型则致力于通过搜集来的材料建立核心原理。在结束一项工作之后，探索型会将之前搜集来的材料放置不管，而模范型则会把材料本身当做结论处理，并将所有材料进行妥善保管。

Episode

领袖型、成就型VS和谐型、助人型

吃完午饭，已经是 12 点 40 分了，还剩下 20 分钟的休息时间。成就型、领袖型、和谐型和助人型朝着休息室里的乒乓球台走去。成就型和助人型一组，领袖型和和谐型一组，开始了一场双打比赛。

助人型和和谐型一边说着话，一边愉快地打着球。而成就型和领袖型都属于不甘服输的类型，所以都在为了赢球而聚精会神地打着。每次和谐型打错球，领袖型都要说一句"怎么连那个球也打不好"。而每当助人型失误的时候，成就型总会说上一句"好好打，我们可得赢啊"。

和谐型和助人型根本无法理解领袖型和成就型的做法。他们认为："打球只是为了娱乐，同事之间有必要非得分出个胜负来吗？"

和谐型："嘿，这是怎么了。只是想在剩下的时间里，和大家一起好好玩玩，打得差不多就行了。"

领袖型："那怎么能行？输了可是你的责任。"

比赛的结果是领袖型胜，成就型败！

成就型："再来一场。"

领袖型："说什么呢，现在是 1 点，已经是上班时间了。"

成就型："知道了，那晚上再来一场。"

领袖型："晚上我还有约会呢。"

助人型："唉，那就下次再打也行。"

领袖型和成就型的好胜心都非常强。在为了增进友谊而组织的比赛中，他们认为重要的不是增进友谊，而是谁输谁赢。这两个类型中，如果有一个赢了，那么输的那一个就会偷偷地去练习，提高能力之后再与赢者进行对决。在别人眼中毫无用处的好胜心，对这两个类型来说，可是件非常有价值的东西。

主舞台：读懂你的上司、下属和客户
——先读懂对方，再按照你的意愿
对其进行诱导

如果你已经掌握了自己和对方的性格，那么现在就来正式地了解一下，如何在职场的实际业务中对待各种性格类型吧。

本舞台将提供如何针对不同的性格类型，进行指示、认可、寻求协助、赞美、警告、进行客户管理等的具体方案。

职场中出现的矛盾，实际上都是由一些微小的差异引起的，而不是因为什么特殊的原因。

"唉，究竟什么时候才能结束这样的生活？"

你是否也有一想到上班，一想到要见上司或者部下，就会禁不住叹气的感觉？是否觉得现在的工作单位让你生不如死？如果是，那么你就该去认真地想一想了，职场中的不快究竟源于哪里。

在进行思考之前，要明白一点，人的性格各不相同，所以为人处世的风格也各有所异。和人的性格一样，业务风格也分九种。在我们了解到这一事实之前，都是盲目地按照自己的方式去尽力做事的。殊不知，在不了解对方真正的动机之前，就竭尽全力地去做事，有时会造成非常糟糕的结果。比如因无法理解对方的行为而与之产生矛盾，这样一来，不仅会影响同事之间的关系，甚至还会导致辞职之类的事情发生。

谁都希望对方能够按照自己的方式去做事，但是却从来都不清楚对方渴望自己采取的方式究竟又是什么。通过这一舞台你会清楚地了解，在职场生活当中各个性格类型的人们分别想要的究竟是什么。

举个例子说明，用大米可以做饭，也可以熬粥，或者可以做烙饼、面条、炒糕等。如果对方想吃的是面条，而我却准备了粥，那么对方肯定不会满意，如果对方要的是米饭，送去的却是炒糕，那么接下来的情形就可想而知了。

根据人的性格和需求，为喜欢吃米饭的人准备米饭，为喜欢喝粥的人准备粥，这样做，你一定会经常得到别人夸奖。与此同时，成功的职场生活也将得到保障。

那么，现在就让我们把注意力集中到对方身上，仔细地观察一下吧。我们要找出隐藏在对方身上的性格密码。当你找到密码，并解开它的时候，你想要的那个画面就会鲜明地呈现在你眼前。与此同时你要记住，解开密码的方法就在你心中。

那么从现在开始，就让我们通过分析职场中发生的各类事情，寻找出隐藏在上司、部下以及客户身上的性格密码吧。

第一幕 上司读心术——如何激励部下士气

向部下下达业务指示

生活在职场中，常常会遇到一些尴尬或不好意思的情况，比如不知该用什么态度给部下分配任务。太过强硬，会让人误以为你是在下达命令；太过小心翼翼又容易让人误会成委婉的嘱托。站在上司的立场上想一下，有谁愿意看到自己的部下接到指示后不情不愿去工作的样子呢？但是也不能因为这样，就让上司去做职员该做的事情。那么，究竟怎样才能让部下接到指示后，心甘情愿、积极主动地去处理业务呢？

下达指示也是需要技巧的！下面就让我们在了解部下性格类型的基础上，来掌握有效下达业务指示的方法吧。

事例：

从早晨开始，朴组长就在整理一些重要的项目文件。早已想好要和申代理一起处理这些文件的朴组长向申代理指示道：

"嘿，申代理，做做这次项目的企划方案吧。"

不知道为什么，听完这话后，申代理的表情非常难看。

"真是的，怎么没反应？"

真想说一句"上司的命令就应该服从，哪来那么多废话"。究竟要如何下达指示，申代理才会愉快地接受任务呢？

分别针对九种不同性格类型的业务指示法

腹型式腹型（领袖型）部下

行之有效的业务指示法：

"你自己看着办吧！一定要拿出点成果来！"

1）要全权委托，而不只是事情的一部分

向领袖型部下进行业务指示的时候，需要将事情全权委托给他。因为如果只将事情的一部分委托给领袖型部下去办，他肯定会误以为你不够信任他。要是将领域区分模糊的事情交给他去办，他就会因无法展示其影响力而发挥失利，而且还会因搞不清整件事情的来龙去脉而惊慌失措。

2）将事情所有的责任和权利一起授予

领袖型部下一旦感受到这样东西或这件事情"是我的"的时候，就会爆发出爆炸性能量。下达任务时，不仅要使用"我把所有的权利和义务通通交给你，你自己看着办吧"的语句，同时还要为了能让其独立地展示影响力而划分出明确的区域来。

3）略掉中间业务报告，看最终的结果

领袖型具有很强的推动力。作为上司，向领袖型部下分配任务的时候，千万不要苛求他会坐在办公室里搜集信息，然后再去做什么中间业务报告。当收到业务指示之后，领袖型部下很有可能直接付诸行动。在领袖型看来，接到上级的业务指示后呆呆地坐着或慢慢腾腾地去行动，都是对上司的不尊重。所以一旦接到指示，他就会努力地用行动去证明。因为领袖型是注重结果的人，所以在下达业务指示的时候，一定要说完成后肯定会好好确认其结果的话。

心型式腹型（和谐型）部下

行之有效的业务指示法：

"这件事情对整个团队来说至关重要，其中你的作用要比任何人的都重大。"

1）在下达业务指示之前，应先确认业务量

在向和谐型部下下达任务之前，应先确认业务量还剩多少。因为，和谐型部下总是以集体利益为重。所以无论他自己的事情堆了多少，也会主动去承担组织中的重大任务。当他接下任务的时候，说不定正在因说不出口的苦闷而备受煎熬、虐待自己呢。所以，一定要在下达业务指示之前，先对业务量进行确认，并进行调整。

2）强调此事对集体的重要性，提醒其在团队中的位置、作用和贡献

和谐型部下始终认为"集体利益"要比"个人利益"重要。所以，当自身的位置、作用和贡献在集体中得到肯定的时候，他就会竭尽全力地去完成任务。因此，在向和谐型部下下达业务指示的时候，要是能一边给他指出大致的方向、勾勒出伟大前景，一边强调其所做之事是"为了整个公司"的利益，那么他就会对业务有所领悟并

积极地去推进。如果能够使用像"这件事情对整个团队来说至关重要，其中你的作用要比任何人的都重大"的语句，他就会有效且迅速地去完成任务。

3）下达了指示之后，不要给人被干涉的感觉

如果下达了指示之后，总是不时地去确认或干涉的话，和谐型部下就会有"是不是不相信我"的想法。而且当他想到"既然不信我，那干吗还要把事情交给我"的时候，就会失去认真做事的热情。所以，形式性地随便问问就可以了。而且，即使确实有想做检查的想法，也要格外注意，千万不要让和谐型部下觉得你在干涉他。

脑型式腹型（改革型）部下

行之有效的业务指示法：
"我相信你一定能做得很好，那么现在就开始吧！"

1）与其让他去想，不如让他去行动

对于做事不喜欢拖拖拉拉的改革型部下来说，一句"马上去做"可能会成为一种动力。相反，如果叫他"想好之后再行动"，反而会给他带来负担。如果上司在下达业务指示的时候，说一句"先去想想"，改革型部下肯定会在心里嘀咕"你到底让我想什么？直接做不就行了"。

2）夸奖并强调其快速的执行能力

改革型部下属于喜欢用亲身体验去寻找方向的人，所以在进行思考之前总是先去行动。改革型部下认为，即使还没有考虑好，即使资料还不够完善，也同样可以通过亲身的体验去实现目标。因此，一定要顺应改革型部下这种即使经历几次执行上的错误，也能够在行动中确立方向的做事风格，在下达指示的时候，要想办法让他在接受任务的同时，能够迅速地去执行。对改革型部下来说，快速的执行能力就

是他最大的优点，他会在接到指示的同时迅速地去行动。

3）请相信他一定能够完成任务

在向改革型部下下达业务指示的时候，请在夸奖改革型部下以身作则的同时，嘱托他发挥其"完善性"。同时请相信他的完善性。改革型部下从来不会违背说好了的时间或者约定。只要接到任务，他就一定会在最后一天到来之前完成。

心型式心型（助人型）部下

行之有效的业务指示法：

"这件事情非常需要你！你一定要帮忙啊。"

1）请说得温柔一些

用"必须……"之类的语气对助人型部下说话，他会认为你在强迫他，进而伤害到他的感情。所以一定要在和气的氛围中，以一种"这件事情必须得做，怎么办才好呢？ ××先生，你来做怎么样"的语气，温柔地与他讲话。

2）下了指示后也要时不时地去查看一下，表示关心

助人型部下渴望上司在下达指示后，能时不时地过来查看一下。向助人型下达指示的时候，要做好充分的心理准备，经常去细心地询问一下"事情进展得顺不顺利、有没有什么困难、有没有什么需要帮忙的"，助人型部下会认为你在关心他。

3）要充分表达出你个人对他的期待和渴望

向助人型部下下达指示的时候，一定要将"你个人对他的期待"和"渴望"表达出来。在对他说"这件事情非常需要你！我对你可是寄予了厚望啊"的同时，一定要以嘱托的口吻向他寻求帮助。这样一来，他会为了不辜负上司对他的期望而鞠躬尽瘁。

脑型式心型（成就型）部下

行之有效的业务指示法：
"充分发挥一下你的能力吧，样本在资料库里。"

1）下达目标明确的业务指示

成就型部下每接到一个业务指示，都想先弄清楚"自己需要占领的地位"在哪里。如果他首先向你报告的是目标日程，千万不要干涉，要对他说"充分地发挥一下你的能力吧"，并鼓舞他的士气。这句话对于比其他任何类型更渴望得到"能力"上的肯定的成就型部下来说，是最好的鼓励。

2）下达指示的时候要简洁地概括出核心问题

成就型的人喜欢在做事之前，制订好周密的计划。要是在向他下达业务指示的时候，讲话冗长，就会引起他的反感，所以在向他进行说明的时候，最好是选出最重要的几点进行陈述。而且，与业务有关的数据要尽可能地背下来，然后通过这些数据巧妙地向成就型部下下达命令。

3）要通过提示和样品给予一定的启发

成就型部下在将已有的材料进行重组，然后再进行陈述方面有突出的能力，但在创造新事物方面显得比较吃力。在下达业务指示的时候要告诉他大体应该怎样去做，要给予一定的提示，并引导他成功地进行下去。与自己创造相比，成就型部下在对已有的思路进行重组、重新包装方面有出色的表现。所以能够为他提供原始资料或者情报的上司，对他来说就是稀世珍宝，他会在不知不觉中依赖于你。如果没有特别的创意可以提供，那么就给他样本作为提示吧。成就型部下会有效地将这些资料利用起来，并像对待新的研究项目一样，对其进行绝妙包装，最终拿出令人吃惊的出色成果来。

腹型式心型（艺术型）部下

行之有效的业务指示法：

"非常期待你的新创意，但是有一点要注意，一定要在限定的时间内完成。"

1）要让他知道你对他的"热情"和"创造性"确信不疑

在对艺术型部下下达业务指示的时候，要用特别的方式进行夸奖，要通过对他表示"诚挚的期待"来刺激他的热情和能力。在艺术型部下看来，让他筹划并创造新事物，才是让他展现自我价值的最佳途径，所以一句"期待"就是对他最好的鼓励。

2）一定要提醒他不要因为个人情绪而误了最后的期限

艺术型部下在执行任务的时候，一旦觉得无聊就很容易半途而废。有时也会因为觉得之前进行得不合心意，从而变心，要求重做。艺术型部下经常会因为变卦而误了最后的期限，所以在下达指示的时候有必要提醒他注意时间。

3）要让他明白，上司始终都对他非常关心

在下达业务指示之后，也要经常对他进行鼓励和夸奖。要对他独有的绝妙创意表示赞叹。当艺术型部下发现上司对自己始终都在表示关心时，他会变得热血沸腾，从而全心全意地付出，并能从中获得自信。对于他的自私和为所欲为，可以明确地指出"到底是怎么回事"，但同时还要以"重新再做做，除了你还有谁能做得了"的言语对其表示肯定，并进行业务指示，这样一来，他一定能够拿出最最与众不同的创意来。

脑型式脑型（探索型）部下

行之有效的业务指示法：

"需要你的知识，和队员们一起好好想想，一个小时后我们再开会。"

1）给予充分的时间对业务进行思考

在向探索型部下下达业务指示的时候，需要给予充分的时间让他进行思考。如果以无条件"试试"的口吻让他去做，他会有受到"强制性命令"的感觉，且会产生负担和疲劳。在开会之前或者下达完业务指示之后，一定要给出充分的考虑时间，然后再通过会议的形式，使他彻底掌握整个业务指示内容。

2）要提醒他时刻铭记团队合作的重要性

在下达业务指示的时候，有必要提醒团队合作的重要性。探索型部下倾向于固执地坚持"自己一个人"的做事方式，而且不太愿意与他人共享自己搜集来的情报。所以，最好是事先提醒他"不要独断独行"。

3）要不惜赞美他的知识和能力

在向探索型部下下达业务指示的同时，要对其专业知识和能力表示赞美。虽然从表面看来，他毫无表情，但在内心深处却非常高兴。最终会将辛辛苦苦搜集来的重要情报以及能力全部贡献出来。

心型式脑型（模范型）部下

行之有效的业务指示法：

"为了公司，这次的事一定要成功，我只相信你一个人。"

1）要成为一个值得信赖的上司

通常，模范型部下经常会在自己不信赖的上司面前摆出一副不予理会或者"爱怎么样就怎么样"的态度。即使是自己比较信赖的上司，如果横冲直撞地向他下达业务指示，他也会表现得非常冷淡。但是，当面对自己非常信赖的上司时，即使是接到了根本就不可能实现的荒谬的任务，他也会尽自己最大的力量去完成。

2）向他表示信任，激发他内心深处的责任感

一般情况下，模范型部下的责任心都很强，所以只要从理论角度向他说明这份业务的责任和权限以及将会给团队带来的影响，他就会忠实地完成任务。所以说，一定要表现出你对他的"信任"，从而激发他内心深处的责任感。

3）唤起一切为了团队的"使命感"

对于模范型部下要说："为了整个团队，这件事必须成功，我就只信任你一个人。"模范型部下具有与生俱来的保护自己所属团队不受侵害，甚至为了集体利益不惜牺牲自己的使命感，所以只要唤起他的这一使命感，他就会认真负责地完成任务。

腹型式脑型（冒险型）部下

行之有效的业务指示法：

"且先按照你自己的想法去试一试！要准确无误地坚持到最后，但是千万不要忘了最后的期限。"

1）要作出"迅速""明确"的业务指示

向冒险型部下下达业务指示时，要对他突发奇想的创意和多才多艺的表现给予肯定。要简明地向他作出指示：不管是什么样的内容，尽管充分施展自己的本领就好。向冒险型部下下达业务指示的时候，

一定要简洁明了。倘若一字一句地详细说明，很容易被他反驳："自己去做不就得了，干吗还要让人家去做？"

2）一定要明确提示责任、义务以及最后期限

冒险型部下耐心不足，散漫，经常不能将事情坚持到最后。要以温和的讲话方式提醒他注意责任、义务以及最后的期限。

3）命令他拿出一份突发奇想的创意

冒险型部下喜欢汲取新鲜有趣的信息。对于冒险型部下，要通过对他说"尽管按照你自己的想法去试试吧"来促使他拿出一份突发奇想的创意。对于新的事物，要注重说明它的新颖之处，而对于要想委托给他的日常事物，就应该在他的心里播种梦想跟希望。这样一来，他肯定会兴致勃勃地欣然接受。

冒险型上司和和谐型部下的对立

冒险型杨部长把和谐型姜代理叫了去。

"姜代理，有件事情需要和 A 公司合作，事情是这样的……"杨部长将事先早已知道的事情又从头到尾地讲了一遍。

"姜代理，你留意一下我刚刚说的事情，然后去办一下。"

姜代理答道："是，明白了。"便走了出去。"部长是怎么了？连这种事情都让我去做。"虽然有些诧异，但还是认真地去执行了。可是就在他认真做事的时候，杨部长又来叫他了。

"姜代理，忙吗？上次指示的事情进展得怎么样了？"

还没等姜代理说完进展情况，杨部长又接二连三地提出了一大堆问题。

"A 文件发出去了吗？嗯，知道了。去忙吧。"

没过多久姜代理又被他叫了过去。

"姜代理，进展如何？"

姜代理说明了情况。听罢，杨部长说道："现在这个阶段只要推进到 C 就好，D 还不行。"

在众人眼中，一向忍耐力超强的姜代理，终于忍不住恼火了。

"我早就知道会是这样了。既然是这样自己做不就行了，干吗还要让我去做？"

和谐型部下希望别人在委托给他事情后，能百分之百的信任他，并耐心地等着他在约定好的期限内交出业绩。但是冒险型的人往往对自己亲手负责的事情都会持怀疑的态度，所以委托给他人的事情更加让他感到不安。这样一来，就发生了他经常在中途进行确认的现象，且喜欢一遍一遍地委托别人做事。面对他的不信任，无论是谁都会恼火的。和谐型部下能否顺利地完成任务，多半取决于冒险型上司下达指示的态度。

Episode

由于改革型上司的指责

曾在某一外企进行了为期两天的"尊重多元个性"教育。课程刚结束，就有一个三十岁出头的女士向我跑来，并不由分说地对我说："太感谢您了，终于全都解决了。"听着她的道谢声，我诧异得不知所以。后来才知道，原来事情是这样的。

她说她接受心理咨询已经有一年了。虽然她非常喜欢自己的工作，但是因为与上司之间的矛盾太深，所以不去做心理咨询就无法维持正常的职场生活。她说通过这次教育，终于明白了"为什么与上司相处会那么困难"。

性格开朗、积极并且属于冒险型的她，遇到了完美主义者——改革型上司后，就一直生活在上司的指责中。原因就在于，一向积极看待问题的她认为没什么大不了的事情，被无法容忍丝毫错误的改革型上司看成了大问题。

站在冒险型部下的立场上来说，她没有犯任何错误，所以她无法理解总是指正批评自己的改革型上司。不知不觉中，这种毫无头绪的批评指责变成了一种压力，因为用脑过度，渐渐地她开始脱发了，最终她不得不去求助心理医生。

问题解决了，看着她如释重负般一再向我道谢的样子，我再一次深深体会到了我所从事的事业的重要性和它所具有的价值。同时我又在想："倘若那个职员早就知道性格类型的差异，不就不用去找心理医生了吗？"

赞美部下

有句话叫做"赞美能让鲸鱼起舞"。送礼物讨人欢心是需要花钱的，而赞美却是一种不花钱就能使人快乐的礼物。赞美是职场生活中促进双方关系、鼓励督促对方进步的宝贵资源。但一味的称赞不一定是件好事。要知道，针对不同的性格类型，赞美的方式和效果也各不相同。用一句话来概括，就是说，并不是所有的鲸鱼听了赞美之后都会翩翩起舞。另有想法的鲸鱼可能不会跳舞，还有的鲸鱼可能会觉得赞美的力度不够，不能激发自己跳舞的欲望。有的时候，自己觉得是在赞美，而别人却不这么认为。因为性格类型的不同导致了理解上的差异，说不定这种赞美反而会引起矛盾和误会。弄清了性格奥妙之后再进行赞美，会给你带来更幸福的职场生活。那么，就让我们来了解一下赞美的方法吧。

事例：

组长把组员们聚集起来。

"来，请大家注意一下。这次金代理拿下了难度非常大的研究项目。下面就让我们为日夜辛劳的金代理鼓鼓掌，向他表示一下祝贺吧！"

听罢，大家都拥了过去向金代理表示祝贺。接着组长也在旁边说了一句：

"辛苦了金代理。希望下次做研究项目的时候，能获得更大的成果。"

虽然组长聚集了所有的人向他表示祝贺，但金代理的心里却总有不自在的感觉，因为对他来说，当众受到夸赞是一种负担。而且组长提及的项目问题让他不由自主地想起了工作中的烦心事。在他看来，这种夸赞意味着他将要做更多的工作。那么，究竟怎样称赞金代理，才能让他觉得幸福呢？

针对九种不同类型性格的赞美法则

腹型式腹型（领袖型）部下

有效赞美法则：

"不愧是顶尖高手！你是怎么在这么短的时间内把它们全部解决掉的？"

1）赞美要简短有力

领袖型部下喜欢在众目睽睽之下受到简短有力的赞美。如果因为不太起眼的事情对他大加赞赏，弄不好会被领袖型部下当成侮辱。领袖型的人正如"领袖"这个称号一样，喜欢做了不起的事情。如果真的做得非常好，那么在众人面前大声地对他进行称赞，并赋予他更多的责任和权限，就是最好的鼓励方法。

2）要赞美他的速度和推动力

对于领袖型部下来说，对他执行业务的速度和推动力表示赞美，是最有效的称赞方式。"不愧是顶尖高手！你是怎么在这么短的时间内把它们全部解决掉的？""竟然能把这么难的任务在这么短的时间内全部完成，简直是个奇迹！真了不起！"这样的赞美方式要比任何虚夸都更加有效。领袖型部下认为，只有做出了别人认为难以胜任的事情，才有资格接受夸奖。

3）给予物质上的补偿

对于领袖型部下来说，光靠用嘴巴赞美是没有意义的。最好是给予物质、请客、扩大业务领域等形式的补偿。领袖型部下认为，升职就等于受到了赞美，而且这个时候他会对自己所从事的事情感到自豪。

心型式腹型（和谐型）部下

有效赞美法则：

〝有你在我的心就踏实！〞

1）赞美他的人品和存在价值

最好是以〝有共同语言〞〝什么都愿意和你讲〞〝和你在一起感觉真舒服〞等言语，对他踏实和值得信赖的人品表示赞美。和谐型部下不喜欢脱离实际的赞美，喜欢别人以〝有你在，我的心里就踏实〞〝你不是都明白嘛〞〝看事比较全面，竟然连这一点都能想到〞等言语对他的人品表示肯定，对他的存在价值表示赞赏。而且，与成功时的赞美相比，更喜欢别人夸他平时工作认真，比如〝在的时候没什么感觉，可不在了才发现没人能代替你的位置〞等赞美。

2）私下表示赞美

和谐型部下希望在私底下得到赞美。那种出风头或者受人瞩目的赞美会使他感到难为情。他觉得受人瞩目本身就是件令人别扭的事。除此之外，他还担心别人会因此受到伤害。所以，私下里一句真心诚意的〝辛苦了〞会使他非常高兴。他认为这样不仅得到了上司的信任，还可以维护良好的同事关系。所以接下来的日子里，他会更加努力地去工作。

3）赞美要像蜻蜓点水

因为赞美和谐型部下会让他感到难为情，所以最好用开玩笑似的方式轻描淡写。〝嗬，今天真帅气。这是去哪儿啊？听说最近工作很用心。〞这些蜻蜓点水般的赞赏会让他心花怒放。

脑型式腹型（改革型）部下

有效赞美法则：
"还是要你出马啊！太完美了。"

1）赞美中要充满信任和依赖

改革型部下受到赞美，他会认为理所应当，觉得是因为做了自己应该做的事。但通常还是会感到不好意思。这样的时候最好以"不愧是金代理""少了你就不行""不管是什么事情，交给你就放心"等言语，隐隐地表示出你对他的信任和依赖。

2）不要心直口快地称赞别人

向改革型部下表示赞美，要确认这件事情或成果是否真的值得赞赏。改革型部下是不会把对外貌的赞美，或者随便一句心直口快的赞美放在眼里的，而且也不喜欢听别人夸大其词地对自己的成果表示赞叹，倘若是那样，即使受到了夸奖也会觉得不舒服。他会认为那意味着要求他"做得更好一些"或者"那么做是另有所图"。

3）赞美他的完美无缺

要赞美他做事勤恳、认真负责、办事干净利落以至无需再重复劳动。"嗯，还是你办事比较彻底。"对于改革型部下来说，夸奖他办事完美无缺就是最高级别的赞美。

心型式心型（助人型）部下

有效赞美法则：
"你不仅性格好，连办事都那么利索！"

1）表示对于他的存在感到庆幸，认为他的存在是不可或缺的助人型是对赞美最敏感的类型，所以一旦受到赞美就会得到很大的鼓舞，并奋不顾身地努力工作以为报答。助人型部下最喜欢的赞美就是别人表示需要他。当他听到"没有你还真是不行啊，看，你一来气氛一下子就活跃起来了"等言语的时候，他会觉察出自身存在的价值，进而兴致勃勃地去工作。

2）赞美不仅要针对办事成果，还要注重其"人性化的一面"

向助人型部下表示赞赏的时候，不仅要对他的业务成果表示赞美，还要以"你真是个人才啊，不仅性格好，办起事来也头头是道"等言语，对他人性化的一面表示赞赏。除此之外，最好还能以"认识的人怎么就这么多呢？真是羡慕啊"，夸奖他广泛的人际关系。

3）稍稍夸大一点的赞美方式比较好

用赞叹的眼神望着他的同时，稍稍夸张一点地说"哇！你是怎么做到的""除了你就再也没有人能做出来了"，这样会收到很好的效果。虽然在众人面前对他进行赞美，他会有些不好意思，但他心里是非常高兴的。

脑型式心型（成就型）部下

有效赞美法则：
"早知道你会做出来了！哪有你办不到的事情！"

1）赞美他的成果和能力

成就型部下喜欢听到"你一定能做到""如果是你一定会成功的"等表示赞美的语言。以"你是怎么做到这一点的""有什么事情是你办不到的""你做得简直太好了，早知道你会办到"等语言，对他表示赞美会收到很好的效果。

2）公开赞美

成就型部下喜欢在人多的正式场合受到别人的赞美。因为这样可以将自己的成果公布于众并得到众人对其能力的肯定。

3）利用升职或奖金满足其成就欲

颁发奖品和奖金是最好的奖励方式。奖品不仅能够长时间留做炫耀的资本，而且还可以给自己带来满足感。那些简单无聊的补偿或夸奖弄不好会让成就型部下丧失前进的动力，甚至失望。成就型部下不喜欢听像"这个程度就已经算是不错了"等限定自身能力的赞美。

腹型式心型（艺术型）部下

有效赞美法则：
"哇，太棒了！你简直无人能比！"

1）赞美要充满"感情""感受"

对艺术型部下表示赞美的时候，用"哇，太棒了""简直没人能比"等充满感情色彩的语言是最好的。艺术型部下不喜欢听不带丝毫感情的简简单单的赞美，比如，一句"做得很好"会让他大失所望。艺术型部下对事实与情感的看法是同一的。如果对方对自己的事情表示赞赏或关心，他就会认为对方对自己有好感。相反，如果对方对自己的事情提出异议，他就会认为对方不喜欢自己。当艺术型部下认为自己做得确实很棒的时候，他会观察对方的眼神和表情，确认对方是否也和自己持有同样的看法。

2）对事或"作品"表示赞赏时，要注意对其存在价值表示肯定

赞美本人不如赞美他做的事情或他的作品。同时，不仅要对他所做的看得见的成果表示赞赏，还要充分挖掘看不见的另一面。最好能说句"因为有你，气氛一下子活跃起来了"或"只有你能做到"，即

便是句空话，他也会认为自己存在的价值得到了肯定。

3）要用迂回的表达方式

比起直截了当的表达方式，迂回的表达方式会更好。直接对其说"今天真漂亮"，不如先说一句"今天谁点灯了吗？"，然后当对方问起"怎么了"时，巧妙以"你一进来屋子就变得比原先更亮了"的形式引起对方的第二次反应。这样的赞美方式会令艺术型更喜欢。

脑型式脑型（探索型）部下

有效赞美法则：
"竟然连这一点都被你想到了！"

1）要赞美其智慧能力

探索型部下喜欢对方以"竟然连这一点都被你想到了""你就是你，竟然能在规定的时间内自己完成"来赞美自己的智慧能力和业务能力。

2）间接委婉地赞美

受到他人赞美的时候，探索型部下的内心深处会产生一种"该为对方做些什么"的负担，从而宁愿没有受到对方的赞扬，所以，表扬探索型部下，最好用委婉的手法。与"你是第一"相比，他更喜欢你笑着对他说"原来还有个得100分的啊"。对于探索型部下来说，当面对他进行表扬，不如在他背后进行夸奖。

3）私下里表扬

在众人面前进行表扬，会使探索型部下发窘。所以，探索型部下更喜欢一对一的表扬方式。与其他的类型比起来，探索型的人在受到他人夸奖时，更容易产生负担。他会尽可能地避免成为被关注的对象。虽然如此，但在他内心深处，依旧希望自己的能力能够得到别人的肯定。

心型式脑型（模范型）部下

有效赞美法则：
"你办得真不错，辛苦了，下面的事情也拜托你了！"

1）赞美要简洁
对模范型部下进行表扬的时候，最好采用一对一的，不掺杂任何情感因素的实事求是、简洁的讲话方式。实际上，模范型部下最喜欢的褒奖方式，是自己不在场的时候，有人当众夸奖他。

2）以赞美的方式对他表示"信赖"
模范型部下讨厌像"还是你最棒"的赞美方式。并不认为自己是最棒的，却受到了这样的赞美，这会使他对上司丧失信赖感。所以要多用"你是个值得信赖的人""交给你我放心""下次还要拜托你啊"等信赖性的语言对其进行赞美。

3）赞美其诚实
通常模范型部下会在幕后默默地，诚实地承受那些难以消化的事情。明明工作非常认真，却总是担心自己做得不好。这时如果上司能够以"你很诚实，做得很好"这样的语言表扬他，会得到很好的效果。

腹型式脑型（冒险型）部下

有效赞美法则：
"嘿，听说你的大名已经传遍整个釜山了。"

1）避免公开表扬
冒险型的人虽然性格开朗活泼，但终究是属于脑型的，所以受人瞩目或公开形式的表扬会让他非常尴尬。即便只有一次得到表扬的机会，也希望是那种一对一式的简短表扬。

2）谈笑风生开玩笑式的表扬也是一种很好的方法

如果对冒险型部下采取一种饶有风趣的、闹着玩儿似的表扬方式，他会觉得轻松得多。"金代理，听说你的办事能力全釜山都知道了""是不是做得太认真了？眼神都和常人不一样"，像这种开玩笑似的赞美，对他来说再好不过了。

3）利用 E-mail

冒险型部下不太喜欢别人在背后提及自己以及和自己有关的事情。如果能以 E-mail 的形式间接地向他表示赞赏并和他说："这次真是辛苦你了，让你费了不少心。"他肯定会非常高兴。

Episode

探索型节制的情感表达

助人型部下沏了一杯茶递给探索型上司。

"喝点这个吧。"

探索型上司目不转睛地盯着电脑显示屏，只简短地说了句"谢谢"。

为此，助人型部下伤心了，并跟同事诉起苦来。

"哎哟哟，部长怎么能这样，人家给他沏了茶，至少也应该看人家一眼道声谢谢吧，竟然只顾着做自己的事情，连看都不看一眼为他沏茶的人，真让人难堪。哪有这样的人啊？走着瞧，以后我再也不会给部长送吃的去了。"

情感比较节制的探索型，通常只会用"谢谢"来向人表达谢意。实际上，这和助人型的"天啊，这是送给我的吗？太谢谢您了"意思一样。

如果助人型部下了解探索型上司的情感表达方式，就不至于那么伤心了。

忠告部下

　　具有不同性情、个性的人聚在一起，难免会产生摩擦，进而出现需要忠告对方的情况。所以那些好意忠告被误会成其他意思的现象就不断发生了。

　　古人云："忠告难于打虎。"古人训："无报酬，不予忠告。"要想做到能适当地给予对方忠告，又不伤害到对方，并不是想象中那么简单的。恰到好处的忠告能够有效地改善眼前的状况，而不恰当的忠告，弄不好会让事态恶化并引起矛盾。按照自己的方式对人进行忠告很容易适得其反，说不定还会给自己带来"麻烦"。然而想要有效地解决问题，忠告是非常必要的。

　　忠告也是一种交流技巧。那么，就让我们来了解一下针对不同性格类型有效进行忠告的方法，以及在不伤害对方的前提下指出对方问题的方法吧。

　　事例：

　　从事广告代理工作的 A 广告设计公司，一大早就接到了 B 公司打来的电话。李代理一拿起听筒，就听到了 B 公司负责人怒气冲冲的声音，对方要求马上让广告部一组的金代理接电话。

　　听到金代理还没来的消息，电话那头开始气冲冲地讲起了事情的原委。

　　"我让他帮我打听一下竞争公司目前广告的进展情况，可他竟然斩钉截铁地说这件事情他们办不了。"

　　"啊，是吗？"

　　"所以我就问他，那你们能做的事情究竟是什么。他却对我说像这种分析竞争公司的工作应该交给宣传室做，而不是委托给代理公司，然后反倒开始教训起我来。"

　　"啊，这样啊。"

　　"于是我一生气就说了几句难听的话，结果那边竟然先把电话挂断了。"

"啊，原来是这样啊，在此我代他向您深表歉意。"

"那个人到底有没有常识？真不知道究竟是谁出广告，谁做代理！"

"我一定让金代理采取措施，保证下次绝不会发生这种事情。真是对不起。"

放下了电话，李科长开始发起愁来。虽然他对金代理经常因广告客户的无理要求而深感烦恼表示理解。但是先挂断电话确实是不对的。这个时候，李科长该如何根据金代理的性格类型而给予有效的忠告呢？

针对九种不同性格类型的忠告技巧

腹型式腹型（领袖型）部下

有效忠告技巧：

"其他的我就不多说了，希望今后不会再用这种方式对待客户了。去忙吧！"

1）比起强制性的要求，最好采取建议的方式

在领袖型人看来自己做的并没有错，所以如果有人作出反应，就会立即予以反驳。无论对错与否，他都不喜欢被对方摆布，所以与强制性的要求比，采取建议性的方式，效果可能会更好。

2）点到为止

其实，不管对方采取何种方式，领袖型部下都不喜欢别人命令他"去这样做那样做"。领袖型部下是绝对不会当面接受忠告的，他会在事后认真思考，细细考虑。开始的时候他会表现出一种反抗情绪，但是要知道这并不是真正的拒绝，而是一种接受的过程。而且，通常情况下到了第二天的时候，领袖型部下就会改变当初的做法，按照上司

建议的去做。但需要注意的是，一定要点到为止。

3）不要事事都计较

用对每件事情都进行细细分析、提示其理由和根据的方法，是不可能说服领袖型部下的。忠告领袖型部下的最好方法是简单明了、开门见山。如果领袖型部下已经意识到了自己的错误，而对方还在长时间地进行指正的话，那么领袖型部下就会突然"火"起来。

如果作为上司的你也属于领袖型，在给予他人忠告的时候，请注意以下几点。

领袖型的人倾向于凡事都认为自己做得对，而且不会去做违背良心的事情。所以，在他看来，对正确的事情进行反对，根本就是无理取闹。领袖型的人觉得自己是正确的，所以会原则性地遵循自己的意见。而且领袖型的人说话时，总是用"不是那样的，应该这样做"等命令性的语气。与其说是在建议，不如说是在"教训"或"批评"。

直接坦率固然是好，但是能够站在对方的立场上体谅对方的感受也很重要。能和对方感同身受，有助于引导对方主动去寻求改变。而且，要把试图改变对方的想法摒弃掉。与直接要求对方按照自己的意见去做的方法相比，聆听对方并等待对方主动去寻找方案的方法更胜一筹。还有一点非常重要，多多练习一下如何将事实和愤怒分离开来吧。要知道，虽然发火能让你心里的不痛快全部消失，但对方却会长时间将你的愤怒铭记于心。

心型式腹型（和谐型）部下

有效忠告技巧：

"事情进展得还顺利吗？最近怎么样？B公司那边来过电话了，发生什么事情了吗？""啊，原来是这样啊。听你这么说，就明白你为什么会那么做了。但是站在客户的立场上，事情就变得不同了。也不是第一次遇到这种事情了。生活嘛，什么事情都有可能发生。希望你能把心放宽点。"

1）先形成"共鸣"

和谐型的人对与他人之间的矛盾非常敏感，所以哪怕只有不起眼的一次，他也会铭记在心，尤其是别人说的坏话，他是绝对不会忘记的。在他知道之后，就会有这样的担心："我是不是给公司带来了麻烦？"从而变得沮丧起来。在给予忠告之前，最好先和他形成共鸣。与其凭借一点失误来批评职员，不如用关切的语气去打动他。这一套对和谐型部下来说是相当受用的。

2）避免斩钉截铁式的讲话方式

给予忠告时最好以委婉的方式表达。如果无视和谐型部下的立场，斩钉截铁地说"这个就应该这么办"，那么他会表现出本能的抗拒。和谐型部下通常喜欢从多个角度出发看问题，他总是认为"不一定就是这样，可以这样，也可以那样"。所以对于这样的人来说，与其硬性命令他去做事，不如选择充分聆听对方的想法，并和他产生共鸣。

3）给他辩驳的机会，附加自己的建议，给予忠告

和谐型的人总是担心会和别人发生摩擦，产生矛盾，所以单方面的指责会令他感到非常委屈，从而使其变得被动。在给予和谐型部下忠告的同时，最好用"相信当时你也是有难处的"的言语，给他充分辩驳的机会，之后再对其错误进行指正。同时，不要用命令的方式，而要用一种顺便提供建议的方式，以"我是这样想的，你觉得呢？"来引起共鸣，并对他的意见表示尊重。谈到最后，最好用"这样的事情时常会发生，没什么大不了的"的言语来给他鼓励。

如果作为上司的你也属于和谐型，那就请在给予部下忠告的时候注意以下几点。

通常，和谐型的人会把焦点放在对方"讨厌"的事情上。因为他总是千方百计讨人喜欢，希望能够与人友好相处。因此，和谐型的

人不擅长反馈。总会在犹犹豫豫中错过时机,最后不得不对自己说"还是放弃吧"。而且,即使是下定了决心"要讲",也会等到对方有空的时候。所以有很多事情都是在过了很长时间之后再被提起的。本来是应该讲的事情,却因为害怕伤到对方,绕了许多弯子。可一旦说起来,就会将思虑了很久的事情一股脑儿地说出来。和谐型的人在给予他人忠告的时候,应该学会及时表达。因为,如果将忍了很久的事情突然一股脑儿地说出来,不仅会使对方感到惊慌,还有可能伤害对方的感情。

脑型式腹型(改革型)部下

有效忠告技巧:

"金代理!刚刚 B 公司打电话过来说,关于分析竞争公司的事情你说得非常好。但是说话的时候为了不伤害双方的感情,倘若能讲得更委婉一点儿就好了。而且,就算心情再怎么不好,先挂断电话都是不符合礼节的,你说是不是?"

1) 明确就事论事

改革型的人通常会如实地接收信息,所以想要随便说说就过去是不可行的。不管发生什么事情,改革型的人都希望能够辨清事实的真伪。对于一定要辨别出是非的改革型人来说,这个环节很重要。改革型的人总是想要弄清楚,对方是不是有错。

2) 排除一切情感因素,讲话要温和、和气

在还没有确认错误一定就是改革型的人犯的之前,如果上司一味冲动地给予忠告,他是绝对不会接受的。这时候,你最好采用温和、和气的态度对改革型部下说话。

3) 让对方得出结论

改革型的人在没有意识到自身错误之前,是绝对不会接受对方忠

告的。所以最好先询问对方的想法，确认对方是否也赞同之后，再给予忠告。这时最好的方法是让对方自己得出结论，只有这样才能让他心甘情愿地承认错误，并下决心今后不再犯同样的错误。要是在他自己还没弄清状况的情况下给予忠告，是会把他激怒的。

如果作为上司的你也属于改革型，那么在给予他人忠告的时候请注意以下几点。

改革型的人在给他人反馈意见的时候，会跟着一起火冒三丈，所以经常会在讲话时不知不觉地提高嗓门，用力强调。虽然他本人认为他只是提高了嗓门，但对方已经认为他在发火了。这样一来，事情就会朝着坏的一面发展了。而且，改革型的人经常会以"应该……做""最起码应该这样做啊……"的口吻，向对方强调自己的意见。

心型式心型（助人型）部下

有效忠告技巧：

"金代理！是不是有什么难处？脸色看起来不太好。你最近工作是不是太认真了？对自己不要太苛刻，慢慢来。过分要求自己只会给自己增加压力，令说话、做事在无意中变得缺少分寸。也许你根本就不想那样做……有什么苦衷就尽管和我讲。我们一起加把劲儿。知道了吗？"

1）先营造氛围，确保私人空间之后再给予忠告。

在向助人型部下给予忠告的时候，最好先营造出一种令对方容易接受的氛围，确保独立空间之后再进行谈话。由于助人型的人非常重视与他人之间的关系，所以在给予反馈意见的时候，最好找只有你们两个人的场合。

2）令他对自身的"存在价值"产生信心。

助人型的人非常重视自己在团队中的价值，所以总是担心会不会因为某事将自己与对方的关系弄僵。在做事之前，他总会有"通过这件事情，别人会怎么看我"的忧虑。给予助人型部下忠告的时候，最好先以"你依然是个非常重要的存在"等言语，帮他解除对自身存在价值的疑惑。

3）向他表示一种"期待"

将情况如实地转达之后，让他知道你对他的期待。"虽然发生了这种情况，我还是站在你这一边""相信你一定能做很好"，最好能用这样的话告诉他，让他明白你对他的期待，让他知道你依然支持他，并且相信他能够做得更好。

如果作为上司的你也属于助人型，就请在给予他人忠告的时候注意以下几点。

助人型的人常常会因为太过在乎与对方的关系而无法实话实说。虽然体谅对方是件好事，但是通过刺激对方的痛处，从而引起变化也是很重要的，即便会伤到对方。带有主观性质的夸大事实的反馈不仅缺乏说服力，而且还很容易让对方感情用事。要尽量让人与事分离开来，避免个人情感与反馈相混杂，要客观地传达事实。

脑型式心型（成就型）部下

有效忠告技巧：

"金代理！B 公司来过电话了，好像误会了什么事情，为了公司的形象着想，最好还是打个电话过去。"

1）选择场合很重要

成就型的人非常害怕被人看到自己无能的一面。所以在向成就型部下做反馈时，选择场合非常重要。最好是单独向他反馈。

2）简单提一下，然后提供对策

成就型的人不太擅长控制遭受失败或挫折时的情绪，所以，他无法忍受长时间地谈论关于自己失败的话题。出现问题的时候最好是简单提一下，然后提供对策。

3）忠告之后鼓励他说这将有助于他的成长

对大多数成就型的人来说，最害怕的事情就是失误。所以，即便是发生了失误他也不会承认，经常会将错误转嫁于他人，总是竭力找客观原因作借口。像这种情况，与其直接揭露他的错误，不如以鼓励的方式对他说，这些失误将有助于他今后的发展。也可以利用三明治式的批评，即先表扬成就型部下的想法，然后再给予反馈，最后再鼓励他。并告诉他如果能够引以为戒，那么今后一定能取得更好的成绩。

如果作为上司的你也属于成就型，就请在给予对方忠告的时候注意以下几点。

虽然成就型的人属于心型，但工作的时候，他却总是抑制着自己的情感。结果，物极必反，压抑得太多，情绪反而激进起来，不但语速变得越来越快，而且说话也不够委婉了，经常会出现简单迅速地向对方传达自己的意见的现象。在别人看来，成就型的人按照自己的方式，不带任何感情因素的，随便地传达事实的口气，不仅具有攻击性，而且还会给人一种被指责的感觉。成就型的人在给予他人忠告的时候，不应该只传达该说的话，而要多体谅对方，说话时要适当融入自己的感情。感性的对话最好缓慢、耐心地进行。

腹型式心型（艺术型）部下

有效忠告技巧：

"金代理！发生了什么不愉快的事情吗？ B 公司来过电话了。跟你说这个事情不是对你有什么想法，而是因为我们的关系比较特殊。

我完全能够理解你的立场。换作是我，可能也会那么做。我知道你心中有数，而且能处理得很好。但不管怎样，人家是客户，我们要适当地站在人家的立场上想想问题。他们也有他们的想法，还是希望你能道个歉。我相信你一定能处理好这件事情。"

1）先表示能够理解对方的心情，然后再指出事实

对艺术型的人来说，如果单纯地指出事实，他就很容易感情用事，并产生"原来一直都把我看成这种人啊""就算有天大的错误，也不能那么说啊"的想法。一向自认为与众不同的艺术型部下，总是希望别人能够无条件地理解他。同时，他也希望别人能够赞同他的想法，并与他产生共鸣。倘若不然，不管别人跟他说什么，他都会当成是对他的否定，从而拒绝听从别人的意见。

2）让自己寻找对策

先对艺术型部下的情感以及做得好的部分给予肯定，然后再讲明事实。艺术型部下不喜欢按照他人的提示去做，所以通常不会接受对方给出的建议。因此，最好是先问问艺术型部下的想法，然后再为他营造一种可以自行寻找对策的氛围。

3）要让他知道，你始终站在他这一边

给予忠告后要让他明白你对他的期望，然后最好在结束的时候强调一下，你始终都会支持他。

如果作为上司的你也属于艺术型，就请在给予他人忠告的时候注意以下几点。

艺术型的人容易将事实与情感混淆在一起。所以如果对方给予他否定式忠告，他就会误以为对方在批评他。同样，在给予他人忠告的时候，他也会根据不同的对象采取不同的方法。对于自己不喜欢的人，他会受主观情绪的左右，而对于自己喜欢的人，他会非常友好。因此，在给予他人忠告的时候，最好将客观事实作为衡量对错的标准。向对

方传达事实的时候，也要尽量避免夸大事实，应如实转告。

脑型式脑型（探索型）部下

有效忠告的技巧：

"金代理！B公司那边来电话了。他们说你的态度不友好。怎么会发生这种事情呢？我想，你最好能借这个机会反思一下对客户的态度。"

1）讲话要理智，不带感情

探索型部下希望能够得到他人理性的忠告。所以在和他讲话时，不要掺杂过多的个人情感，也不要长篇大论，而要把重点放在本质问题上，客观地向他说明"情况是这样的"。而且仅这一点，就足以让探索型部下为了解决问题而进行深刻的思考。

2）说明理由

对于探索型的人来说，如果不事先说明理由就断然给予忠告，会引起他强烈的反感。因为自己认为做得有理的事情受到了无端指责，这实在令他无法接受。所以，一定要先说明给予忠告的理由。

3）提出质问，而不是给予警告

探索型的人在毫无思想准备的情况下，面对事情的时候会惊慌失措，从而无法立即说出自己的想法，事后还会感到气愤。如果能够以提问的形式给他思考的时间，他会按照个人的想法寻找出解决问题的方案。

如果作为上司的你也属于探索型，就请在给予他人忠告的时候注意以下几点。

探索型的人通常习惯于接受事实，忽略情感。所以在与对方讲话的时候，不会在语气中添加任何感情色彩。同时，对于别人怎么想，他也不太了解。探索型的人习惯从客观角度看待问题，因此，在给予他人忠告的时候，也不会添加任何私人感情，只是站在观察者的立场上去说。一般情况下，他会把重点放在如何解决问题上，而不是情感上。根据客观事实给予的忠告，有助于让人站在客观的立场上看问题。但是，由于这是种不考虑人的情感因素的忠告方式，所以经常会弄得对方手足无措。

心型式脑型（模范型）部下

有效忠告的技巧：

"金代理！我们聊聊怎么样？B公司打电话来了，究竟是怎么一回事？如果这件事情不能得到圆满的解决，不仅会给公司的声誉造成影响，还会影响到下半年的销售业绩。本来公司的情况就比较困难，倘若这个项目再出现闪失，那就是雪上加霜了。公司不仅会在经济上蒙受损失，说不定还会面临更大的困难。希望你今后注意点。"

1）向他说明未来可能要发生的危险

给予模范型部下忠告的时候，与其向他描述当前的状况，不如告知他未来将要面临的危险。最好的方法是，在给予忠告的时候告诉他，这将给公司造成极大的损失，或者会使公司面临一场危机等。这样一来，保证他不会再犯同样的错误。

2）提示解决问题的方法

最好向模范型部下提供大体的解决方案。因为他在没有理清思绪的状况下，寸步难行。在向他提供一两种大家都认为非常有效的方法后，再给他一点思考的时间。

3）尽可能给他减轻负担

即便是对于不太可能会发生的事情，模范型的人也会忧心忡忡。对于人与人之间的信任问题他就更加敏感。倘若出现疏忽，他就会认为自己是个不被信任的人，因而会倍加自责，并变得畏首畏尾。虽然要以实相告，但也要尽量避免让他把事情看得太严重。要以像"我们打算再好好做做，所以你不用担心"等言语，提前给他打好预防针，避免产生消极后果，帮他减轻负担。

如果作为上司的你也属于模范型，就请在给予他人忠告的时候注意以下几点。

模范型的人总会顾忌一些不被预料的尚未发生的事情，所以他会全面考虑到一件小事情可能延伸的最大范围。如果从客户那里打来的电话，是对他表示不满的，他就会有"如果客户和我们断绝来往该怎么办""传到其他顾客那里该怎么办""万一客户因为这件事情起诉我该怎么办"的想法。也就是说，他会将可能发生的最坏的情况都想象一遍。模范型的人在给予他人忠告的时候应该注意，不要夸大事实，要符合实际。因为掺杂了消极思想的忠告，可能会带来完全相反的结果。而且，如果过分倾向于发生不幸的可能性，很容易使对方变得更加消沉。小心谨慎固然是好，但只有在双方顺畅交流的情况下，才能给对方以信赖感并让其行为发生变化。

腹型式脑型（冒险型）部下

有效忠告的技巧：

"（为了营造一种惬意的氛围，要微笑）金代理！B公司是你负责的吧？那个公司来电话了。是不是出了什么事情？哦，用不着太担心，不过错了就是错了。（轻拍着对方的肩膀）打个电话吧。没关系的！反正也没什么大不了的。今后好好做！知道了？"

1）简明扼要地指出事实

冒险型部下不喜欢听批评的话，而且对难听的话非常敏感。所以要避免没完没了地强调或重复否定性的话。最好是简单实际地教他具体应该怎样去做。

2）说明状况

最好说明一下都出现了哪些问题，具体情况又是怎样的。在他不了解究竟发生了什么事情，还在云里雾里的时候，就断然揪出错误说个没完的话，很容易引起他的反抗情绪。而且，当冒险型部下在接到反馈的时候，一定会以这样或那样的形式表明自己的立场。看似他在拒绝承认自己的错误，不停狡辩，事实上这正是冒险型部下承认错误的过程。

3）谈话结束的时候告诉他情况会好起来

谈话的最后，最好能够明确指出情况有好转的可能性。虽然有时候，有必要对其进行严厉的批评，但在给予忠告的时候，最好采用肯定的语气，并用一些鼓励性的话语结尾。

如果作为上司的你也属于冒险型，就请在给予他人忠告的时候注意以下几点。

冒险型的人不善面对消极的事物。不是为了照顾对方的感受，而是自己本身就讨厌提及消极的一面，所以冒险型的人常常会有意无意地避开消极话题，或减小事态的严重性，表现出一副无所谓的样子。如果搪塞核心问题，就会使对方无法弄清忠告的真正意图。要想改变对方，就要揪出错误。而且，不要用"你不做是你的损失"的言语刺激对方，要在怀着一份爱心的同时，让对方明白你在用心，并向对方传达你感性的一面。

第二幕　读懂你的上司——如何获得上司的肯定

了解上司的处事风格

　　职场生活中的最大矛盾之一，就是由处事风格不同引起的。大家都会站在"你为什么不像我这样办事"的立场上考虑问题。有认为"只要做，就一定能行"的人，也有只有当计划和准备都充足了才去执行的——"能行，才去做"的人。就像各自不同的生活方式一样，处事风格也都不尽相同。

　　大概，上班族最大的苦恼之一，就是与上司之间的关系问题。如果能够透析上司的处事风格，就能使自己的业务变得风调雨顺，一路飙升。虽然不能变得和对方一模一样，但是如果你弄清了对方的做事习惯，职场就会成为你快乐的天堂。至少，不会出现在对方想吃米饭的时候，将点心递过去的情况。但是，要想在还没有准备好的状态下弄清对方的处事风格，可不是件简单的事情。在了解了对方的饮食习惯后，再准备菜单，一定能够事半功倍。

　　有的上司喜欢善于计划和准备的部下，有的上司喜欢执行力很强的部下，还有的上司喜欢贴心的更加人性化的部下，不同上司有着不同的性格。根据上司不同的性格类型，让我们一起来了解一下他们的处事风格吧。

　　事例：

　　　　参加完部长级会议后，崔部长聚集了所有成员，说这是上面发下来的紧急研究项目，并开始下达业务指示。

　　　　"项目很急，要尽快将它完成！"

　　　　接到指示后所有成员都回到了自己的位置，并开始认真准备与研究项目有关的事情。同样，金代理也开始用自己的方式调查资料。所有人中，只有崔部长在那里走来走走去，坐立不安。看着他慌张的样子，金代理的后脑勺都有点发烫了。

"部长为什么这么不安？"部长的表现让金代理没法安心工作，就连坐着都觉得不对劲儿。所有的成员都能认真地坐在那里查找资料，只有他不能。

下午，姜代理来找崔部长了，好像是在报告和业务指示有关的事情。不知道是因为部长心情不好，还是因为姜代理的方案不能让他满意，部长严肃"斥责"了姜代理。这下金代理的心情变得更加不安了。

究竟问题出在哪里呢？如何才能弄清部长的处事风格，从容地应对这种情况呢？

把握九种不同性格类型上司的处事风格

腹型式腹型（领袖型）上司

处事风格：
"还坐着干吗？快去啊！"

1）表现你的热情

领袖型上司喜欢主动要求"我来做"的积极的部下。对于领袖型的人来说，推动力就是生命，所以他经常会说"要一直坚持到最后"。所以，对于领袖型上司来说，能力固然重要，但热情更是必不可少。领袖型上司无时无刻不在为自己规划远大的目标，他喜欢挑战难以实现的事情，并梦想能够成为一位因倾注了所有热情而取得成功的领导。因此，他会为激发成员的潜能而提供大的课题，并给予鼓励。他希望能够创造出一个为达目的不断挑战、不断进取的强劲的工作平台。

2）制订详细计划，并给予提示

领袖型上司喜欢构想宏伟蓝图，但是在制订详细、周密的计划方面却不太擅长。他希望在这方面部下能够主动地代他去做。所以说，要想获得领袖型上司的肯定，最好是按照上司的指示，制订出一份详细的计划并给予提示。

3）要诚实

大多成员经常会因为领袖型上司这种急于采取某种行动的性格，而无计划、无准备地横冲直撞。领袖型上司说话的口气有点自以为是。"这个应该是这样的，就那么做。"开会经常会变成单方面的说教，而且一旦开始讲话就无法停止。这类人最讨厌那种为自己本应该做的事情找借口，推卸责任的部下。所以如果犯了错，最好是坦率地承认。虽然有的时候领袖型上司发起火来，让人难以忍受，但他从不记仇。

心型式腹型（和谐型）上司

处事方式：

"这样做会不会更好些？"

1）不要引起纠纷

和谐型上司希望所有的职员都能够和睦相处。和谐型上司不希望看到任何矛盾，所以他十分讨厌那些容易引起纠纷的部下。不过即使他生气了，也不会将情感直接表露出来。最大的动作就是表情上的变化了，只要你看到他不再笑了，表情僵硬了，说话的语气突然带有指示性了，不再温和了，就说明他生气了。也正因此，职员们常常会捉摸不透他的内心世界。这型上司的最大缺点就是，将所有的不愉快都积累下来，等达到了一定程度的时候，他就会借题发挥爆发出来，哪怕是因为一件极小的事情。所以部下常常会感到莫名其妙"我好像没犯什么错误啊……"然后摇着头离开。

2）向他展现你的"谦逊"和"度量"

和谐型上司总是希望处于和谐的人际关系中。而且，因为和谐型上司是那种大公无私的人，所以讨厌那些过于张扬、自以为是的部下。同时，和谐型上司对那些喜欢表现的人比较敏感，并常常提防。在这种情况下，即使你的观点是正确的，太过坚定的主张也会给你带来麻烦。

3）随时向上司汇报自己的业务情况

和谐型上司希望部下能够主动找事情做。而且，就像不喜欢他人干涉自己的事情一样，他也不会去干涉部下的事情。但是他又希望了解部下的一举一动，所以，最好是随时向他报告整件事情的进展情况。

脑型式腹型（改革型）上司

处事风格：
"能不能快点行动？"

1）以行动表示

改革型上司会明确地提示出目标和原则，并强调迅速的执行力。这类上司，不会经过深思熟虑后再采取行动，他喜欢以整体的方向和目标为基础，经过一番尝试后，通过修订和补充来获取成功。因此，对于改革型上司来说，用"行动"说明一切比什么都重要。改革型上司作为脑型式腹型人，喜欢在按照自己的方式进行全面设计后，再去迅速执行。如果在接到指示后，你只坐在那里忙于思考或者作计划，对方就会认为你没有听从他的指示或不想工作。和改革型上司在一起工作，一定要马上行动起来！即使不行动也要做做样子。这样他才会认为你在认真工作，并安下心来。

2）严格遵守上班时间和规则

凡事都强调"该遵守的一定要遵守"的原则和规范。在他看来，办事不仅要准确利落，还要对上级以礼相待，所以，一定要对改革型上司毕恭毕敬。

3）向他展示你努力的一面

即使是一件小事，你也要表现出诚恳接受并努力完成的样子，这对改革型上司来说是非常重要的。他对那些事事都以身作则，心甘情愿去做他人不愿意做的小事的部下评价很高。如果你受到了改革型上司的指责，那么就让他看到你努力改正的样子吧。改革型上司惯用的作风是先指责后表扬的批判式，所以在他手下工作你常常会觉得自身有很多缺点和不足。

心型式心型（助人型）上司

处事风格：

"不要各做各的，请大家齐心协力一起寻找方法！"

1）展现你积极参加团队活动、关心他人的样子

助人型上司在工作时，首先关心的是各个成员之间的共识问题。他认为"心都不齐，办事怎么会顺利呢？"助人型上司是那种一接到业务，就会召集全体成员开会的人。因为，在他看来，只要齐心协力，营造氛围，事情就会顺利开展。因此，在这样的上司手下工作，总会有办事不出效率的感觉。助人型上司最讨厌自私的人，他非常重视人际关系和一个人的人品，所以凭能力自以为是的做事风格，很容易让他对你失去信任。在这样的上司面前，你最好表现出能为公司努力营造明朗、友好氛围的样子。

2）建立私人关系

要想在业务方面与助人型上司搞好关系，首先要搞好与上司之间的私人关系。你可以将属于心型式心型人的助人型上司，看做典型的心型人。所以，如果部下在和他相处的时候,过分讲究形式,过于客气,

他就会认为这个部下没有人情味。如果平时和助人型上司的私人关系就很好，那么你在完成任务的时候会得到极大的帮助。

3）对亲切和好意作出反应

性格友好、慈祥的助人型上司喜欢帮助对方，并希望能够和对方亲近。但是一旦对方将这种帮助当做是一种干涉或者不予重视，助人型上司就算不表现出不满，也会觉得非常失望。如果受到了助人型上司的帮助，最好是当场作出反应，说一声"怎么就这么了解我的心思呢？"并明确地向他表示你的谢意。即便是一句微不足道的感谢语，也会让助人型上司感到满足。

脑型式心型（成就型）上司

处事风格：
"周围有没有认识的人？"

1）重视能力

成就型上司希望能够通过给出明确目标来有效地运营团队，并创造出最大的成果。对于成就型上司来说，只要有助于实现目标，即使是自己讨厌的人，他也会主动去打交道、套近乎。成就型上司不太喜欢落后或不突出的人，所以经常会无视没有能力和跟不上节奏的部下，甚至用竞争的手段进行淘汰。所以在成就型上司手下混日子，有必要注重自身能力以及业务能力的提高。

2）构建广泛的人际关系

就善于讨人喜欢的成就型人而言，他们不喜欢靠业绩本身来取得成绩，而喜欢依靠团队关系来完成任务。成就型上司虽属于心型人，却多表现脑型特点。成就型上司作为这样的脑型式心型人，乍一看非常接近脑型，但始终都要通过人际关系的形成和灵活运用人脉来取得成绩并展开事业。就这方面来看，他表现出的是心型人的典型特征。

因此，有必要强调的就是，成就型上司周围有很多有能力，并且在出现问题时能够及时给予他们帮助的人。

3）提供具有创意的思想

成就型上司有把已有的创意进行组装并重新包装方面的能力，这种能力要比其搞创作方面的能力突出得多。如果你能够暗中向成就型上司提供有助于研究项目的原始创意或信息，他肯定会把你当成宝贝，并在不知不觉中对你产生依赖。但需要注意的是，他可能会觉得对你产生依赖是件有损形象的事，所以一定要做得不露声色才行。

腹型式心型（艺术型）上司

处事风格：

"究竟该怎么做，是不是还找不到感觉？"

1）配合其兴趣爱好，并与其共同分享

艺术型上司经常喜欢即兴发挥。虽然各自都有各自的计划，但是他希望大家能够按照他的感觉去办，所以有必要配合着他的感觉进行情感方面的交流。因此，如果你有能够与他共享的兴趣或爱好，那么开展起工作来就方便多了。

2）呼应上司独创的一面

艺术型的人不仅在规划、创造新事物方面有非常突出的能力，而且经常能从自身丰富的感受中得出富有创意的构想。但是由于自我风格和个性过于强烈，经常会强制别人接受难以接受的创想。艺术型上司在发挥杰出创造性的同时，会对自己的作品感到非常自豪。所以，他极其讨厌别人指手画脚地说这说那。由于艺术型上司具有艺术家的本色，所以他将自己的工作称为作品。对于那些反对自己意见并用事实来评理的部下，他经常容易感情用事或感到失望。因此，有时候若部下针对某一事情跟他讲道理或者进行反驳，艺术型上司就会受到伤害。从这里可以看出，艺术型上司属于感情上容易受伤、善变且需要手下用心对待的人。

3）不要做抢上司风头的事情

艺术型上司属于多用腹型职能的腹型式心型人，所以他希望能够在职场这一垂直结构中，对团队进行控制。这种上司喜欢自己出风头，但不太喜欢部下出风头。通常会给自己所从事的事情赋予最高的意义，鼓励职员，使职员们意识到自己的工作是多么的重要甚至神圣，并使其对自己的工作产生自豪感。同时，他善于鼓舞职员们的士气，以便使职员们能够全身心投入到工作当中。他能够营造出一种和气融洽的氛围，并努力组建一个让人羡慕的团队。

脑型式脑型（探索型）上司

处事风格：
"先去了解一下核心问题！"

1）不断积累知识和理论

探索型上司作为脑型式脑型人，属于典型的脑型。正因如此，他比任何人都更善于把握状况，对状况进行分析并制定出战略。如果有哪个部下的计划书做得不够细致，不够周到，那么探索型上司肯定会对其据理批评。所以，逻辑性差的部下很难得到他的肯定。

2）遵守业务的最后期限

探索型上司对业务日程的管理非常彻底。分配完业务之后，他会在最后期限要求你拿出成果。在制订全面计划以及为各成员分配任务方面，他的能力非常突出。探索型上司并非以人作为团队的中心，而是将职能作为团队的中心。这样做虽然有很多好处，但也存在着弊端，这样能促使工作有效进行，却容易使职员们因业务量分散而对工作失去兴趣。

3）保持一定的距离

平时，探索型上司不太善于在工作方面对职员们表示期待或给予鼓励。在情感方面比较吝啬的探索型上司，在部下给他送去零食或者水果的时候，他也只会说声"谢谢"，然后眼也不抬地继续工作。所以，在探索型上司手下工作的职员们，无论完成了多么重要的事情，都会被觉得是应该应分的，所以工作起来没什么热情。针对这种现象，非常重视情感交流的职员们会感到非常失望。由于探索型上司是个公私分明且不善表达情感的人，所以对待工作感情用事，或者试图与其加强私人关系的职员，反而会弄巧成拙。

心型式脑型（模范型）上司

业务指示风格：
"找找看之前做过的材料当中有没有做得好的！"

1）多用心于管理好信息

对于模范型上司来说，比起激进冒险，他更喜欢顺顺利利地按照流程办事，至少这样能让他安稳。与开发新事物相比，他更喜欢用之前已被验证过的材料或信息去办事。所以做事的时候，你最好能通过一些示例或已被验证过的材料给他安全感。由于总是在担心、提防会发生一些不好的事情，所以经常会作出保守的判断。说话比较安静、慎重，从不讲无聊的玩笑或毫无根据的话。然而，在搜寻与业务相关的资料方面却是个难得的奇才。而且，只有当确信接收到的情报真实可靠时，才会将它公布于众。因此，在模范型上司手下开展工作，一定要先认真地做好细致的计划和充分的准备。不然，很容易带给他一种不负责任的感觉，到时候即便你再热情他也会对你产生反感。

2）遵守约定

模范型上司始终都在确认，职员的为人是否自始至终都言行一致、表里如一。他虽然不会当面发火，但即使你违背了一个小小的约定，也会在不知不觉间被"三阵出局"。一旦失去了信任，就算继续共事，也会被他视做空气。

3）检讨要深刻

模范型上司在勇于为团队作出奉献的同时，渴望得到信任。而且由于心中的不安和焦急，他经常会对某一信息或人进行反复的确认和调查。所以在他看来，那些在一件小失误面前都能进行深刻检讨的部下，才是最具能力的。总的来说，模范型上司不会轻易相信对方。他对任何事都小心谨慎，在人际关系方面也始终保持一种不远不近的距离，看起来恰到好处。即便是在工作方面，他也总是先考虑好所有可能发生的情况，直至做好最坏的打算，才会作出决定。所以，通常情况下，业务进行得都非常缓慢。对于确信能够保护自己的共同体，他会表现得十分顺从、具有奉献精神并尽心尽责，同时也会要求职员们这样做。

腹型式脑型（冒险型）上司

业务指示风格：

"先大概做一下！"

1）办事要迅速

在所有的性格类型中，冒险型上司属于办事速度最快的那一类。所以，就是对部下，他也会要求其以和自己同样的速度办事。而且，他没有耐性等待能力不足的部下。由于他重视速度甚于工作内容，所以在办事的时候，不要为了力求完美而延长工期，你要在加快速度的同时，尽快地拿出成果来。虽然冒险型上司办事非常迅速，是个能够同时处理很多事情的多面手，但他也有办事匆匆结尾的小毛病。所以，他喜欢能够弥补他这一缺点的部下。

2）提供新的创意

始终都在寻找其他可能性的冒险型上司喜欢头脑风暴式的自由自在的意见交流方式。喜欢崭新的体验，富有创意的想法，对于经常提出某种新颖独到想法的部下会打出高分。

3）持有积极的态度

"没关系，一切都会好起来的！" 对任何事情都非常乐观。不会长时间地沉浸在矛盾与苦恼当中。因为在他看来，对工作过分担忧或长时间地苦恼都是浪费精力的行为。所以，见到愁眉苦脸、无精打采、对事总是持消极态度的人，他会感到非常郁闷。因此，始终都能保持一张笑脸，带动气氛，并具有随声附和上司玩笑的幽默感，是非常重要的。

领袖型和模范型的恶性循环

　　领袖型姜常务下达给模范型朴部长检查研究项目适当性的任务已经五天了。朴部长那边还迟迟没有消息。等得不耐烦的姜常务终于把朴部长叫了来。

　　姜常务："朴部长，交给你办的事情进行得怎么样了？"

　　朴部长不作回答，站在那里沉默不语。见状，恨不得在3秒钟之内得到答案的姜常务更加生气了。

　　姜常务："和朴部长讲话真是让人郁闷死了！究竟检没检查过？"

　　朴部长：(过了一会儿)"正在检查。"

　　姜常务：(边拍桌子边说)"我都已经交给你多长时间了，还在检查中？给你分配了任务就应该尽快给我拿出结果来，老是这样拖拖拉拉的怎么行？真是急死人了！"

　　朴部长：(不声不响地站了一会儿，然后小心翼翼地说道)"通过检查，发现了一点问题。所以想再仔细检查一遍。"

　　姜常务："既然是这样，就应该先讲讲究竟出了哪些问题，然后再去重新检查一遍。什么都不说，自己在那儿拖拖拉拉的，能解决问题吗？到今天为止，一定要结束检查，然后把结果报给我。去忙吧！"

　　当领袖型上司提出问题时，若在"3秒钟"内得不到答案，他就会认为你是在拒绝或者反抗。而模范型部下的性格比较小心谨慎，所以他会因整理思路而缓慢地作出回答。领袖型上司是个急性子，他会因等不到模范型部下的回答而气急败坏。当等得不耐烦的领袖型上司忍不住向他发火时，模范型部下就会被他的声色俱厉吓到。于是，为了避免非理性的对话，模范型部下会变得更加沉默。这样一来，恶行循环就开始了。这就是两个性格截然相反的人遇在一起的情形。

把握上司的决策方式

在我们的日常生活中，有太多事情在等着我们做决定。但是不同的性格类型，作出决策的方式也是不同的。就拿买东西来说吧，有亲自到现场用自己的双眼进行确认后才决定购买的人。也有不看东西，确信推销员是个值得信赖的人，便决定购买的人。而且，还有一些在对各处的商品进行仔细的分析比较后，选择一款性价比最高的商品来购买的人。

工作时选择职业的标准、结婚时选择配偶的标准、送礼时选择礼物的标准……人们都会按照自己的方式以及标准进行判断或作出决定。过生日的时候，有人希望收到花;有人不喜欢花，却乐于收到食品;还有人直截了当地表示希望收到现金，等等。由此可见，每个人喜欢的东西也都不尽相同。

生活就是这样，我们每个人都有自己的决策标准。如果能够清楚地掌握对方的决策标准，我们就能轻而易举地赢得对方的心，并满足对方了。尤其是在职场当中，若了解并掌握了上司的决策标准，那么你的职场生活就会变得更加舒适，更加愉快。

那么,就让我们一起来了解一下不同性格类型上司的决策标准吧。

事例 :

朴部长对金代理说，公司要为下一年度制订工作计划，并让他去寻找一个适合开研讨会的地方。金代理本来打算去去年去过的 A condo (condo,公寓的单元) 的，但因为预约的人已经满了，没有空位，所以只好选择去 B condo。他写好了提案书，并拿给朴部长申请批准。可是盯着提案书看了好一阵的朴部长却露出一副不太满意的表情，并询问起了关于选定研讨会场所的问题。

"为什么选择了这里?"

接下来，朴部长还会对金代理提出哪些质问呢?

朴部长在选择研讨会场所时，认为对会议来说最重要的是

什么呢？如果了解了上司的决策标准，那么这些担忧就迎刃而解了。那么，就让我们根据上司们的不同性格类型来了解一下他们的决策方式，并想办法从容应对吧。

掌握九种不同性格类型的上司的决策方式

腹型式腹型（领袖型）上司

决策方式：

"我看那里最好！就定在那里吧！"

1）领袖型上司进行决策的标准是"优越感"

领袖型上司对任何事情都有自己强烈的主张。而且还会直言不讳地要求他人听从自己的意见和决策。正因为希望能够得到他人的信赖，想获得一种权威，并强烈渴望能够摆脱对他人的依赖，领袖型上司才会有这种表现。领袖型上司总会担心"自己看起来是不是显得软弱"。因为在他内心深处总有一种恐惧感和自卑感。正因此，他总是执著于"最棒""最好"和"最权威"的事物。所以，他希望能够选择一个又大又宽敞的研讨会场所。设施一定要齐全——居住设施、饮食、大型会场直至周围的环境。由于部下不能完全了解他的想法，所以有的时候，领袖型上司会对部下的意见不屑一顾，并直接按照自己的想法做决定。想得到领袖型上司的欢心，就试着去寻找能够让他挺直腰杆尽情炫耀的场所吧。

2）要自信地明确说出自己的主张

一向具有强烈的自我主张的领袖型上司，希望自己的部下也能够从认真负责的角度出发，勇敢地站出来辨明对错。如果只是毫无自我主张地随声附和，并在发生了问题的时候说"当初不是建议过您应该那么做的吗"的话，领袖型上司肯定会大发雷霆。其实，领袖型上司早已在心里选好了研讨会场所。所以，一开始他就有可能会固执地说"我看那里最好！就定在那儿吧！"但是，他也会仔细倾听平时彬彬有礼且具有明确自我主张的部下的意见，并可能变更研讨会的场所。

心型式腹型（和谐型）上司

决策方式：

"问过其他人的意见了吗？"

1）和谐型上司进行决策的标准是"关系"

和谐型上司在提出自己的主张之前，会先征求他人的意见："你觉得怎么样？""其他人都是什么意见？"因为，和谐型上司希望能够避免与他人之间产生矛盾。而且，在他内心深处有一种"害怕被孤立"的自卑感，所以他始终都致力于与他人的相互交流上。无论什么事情，和谐型上司都会不经过判断就先接受。为了避免上下级之间或同事之间由于业务出错而产生矛盾，他会竭力地听取所有意见，并为事情的顺利进展作出不懈的努力。

2）拿出分析了所有意见和情况的对策

要想向和谐型上司推荐你所物色的研讨会场所，就一定要强调你已经征求过其他人的意见这一点。因为在和谐型上司眼里，什么事情都比不上所选地点将有助于加强人际关系重要。试着向他提供有利于加深交情的场所吧。与此同时一定要向他说明，你是"分析了所有情况之后才作出的决定"。

脑型式腹型（改革型）上司

决策方式：

"那里，你本人去过了吗？"

1）改革型上司进行决策的标准是"经验"和"体验"

"试过吗？""去过吗？"就像改革型上司的口头禅一样。就连选择饭店的时候都是"哦"一样。如果哪个部下向他推荐了一个地方，他一定会问"去过吗""吃过吗"，所以，做事时向他强调一下有过体验和经验是非常重要的。改革型上司的内心世界里，有一种害怕缺点暴露的本能性自卑心理。他会始终不由自主地去"追求完美"。而且，他认为只有通过身体和行动亲身体验过、经历过才可以算做完美。对于改革型上司来说，比起材料凭据或逻辑性的理由，亲身的体验和经历才是最大的财富，并且值得信任。

2）经过亲身体验之后再去报告

对于改革型上司，一定要推荐你亲自去过的地方。一旦他问起"你都没去过，怎么知道那里好不好"，那么，任何道理和解释就都失去意义了。一定要铭记，没有经过亲身体验和经历就盲目地进行推荐，很容易引起他的反感。

心型式心型（助人型）上司

决策方式：

"调没调查过其他部门都去哪里？"

1）助人型上司进行决策的标准是"他人"

助人型上司关注他人胜过关注自己。所以对他来说，他人的行为和想法显得尤为重要。助人型上司如此在意他人眼光的原因是，害怕去比其他部门更差的或自认为好的却令人厌恶的地方。助人型上司有"害怕失去他人的爱"的天性。所以，他始终会关心他人对自己的看法，为了成为别人心目中的好人，他执著地致力于配合他人。

2）经过与他人或其他部门的比较之后再做报告

助人型上司向来在意他人的看法，所以他有可能会问"其他的部门都说去哪里？"要想应对助人型上司的质问，就必须事先将其他部门选择的研讨会场都调查清楚。很显然，助人型上司喜欢将其他部门的研讨会场所和自己部门的研讨会场所进行对照后的报告，所以，一定要事先做好准备。

脑型式心型（成就型）上司

决策方式：
"那里有会场吗？"

1）成就型上司进行决策的标准是"效率"

对于成就型上司来说，选择研讨会场所也是工作的一部分。他认为既然那是大家共同探讨和制订计划的地方，就应该有会场。如果单纯为了去玩，那么他觉得下班后去会餐会比在公司开会更有意思。成就型上司会根据自己做了多少事情，是否对多种事物进行了有效的处理来获得自信或陷入自责。如果观察成就型上司的内心就会发现，其实他对失败抱有一种本能的恐惧心理和自卑心理。正因此，他会不遗余力地执著于工作和成功。为了在短时间内获得成功，他会非常重视效率。

2）强调"效率"

要物色一个符合"研讨会也是工作"这一以工作为中心的场所，并非一件容易的事情。即便寝食方面有些差劲，职员游玩的场地不是很舒适，但只要确保有会场，就一定能说服你的上司。成就型上司认为，在对某件事情进行决策的时候，一定要先考虑到其目的以及工作之后取得的显著成果。

腹型式心型（艺术型）上司

决策方式：
"不是年年都去的地方吗？又去那里？去调查一下，看看有没有更特别一点的地方。"

1) 艺术型上司进行决策的标准是"特殊性"

艺术型上司并不认为研讨会也是工作。也不会关心他人的看法。如果自己的部门选择了比其他部门更高级的场所，他也只会自豪得炫耀一下，仅此而已。因为在他看来，研讨会其实就是和人们一起去郊外相互交流感情的"特殊日子"。他觉得"这么好的日子干吗还要看别人的脸色""都出了公司，干吗还要坐在硬邦邦的会场上"。艺术型上司的内心深处充满了对平凡的恐惧感和自卑心理，所以他总是在追求特别的事物。在特别的日子里去特别的场所是艺术型上司理所当然的选择。

2) 带着"差异性"去做报告

艺术型上司对千篇一律的环境没有感觉。相反，在特别的时间、特别的场所他的心情会很好，而且会对任何事情都充满激情。所以说，最好是物色一个与众不同的场所给艺术型上司。要多对艺术型上司特别的或偶尔挑剔的眼光和美感用心，还要充分地考虑到研讨会场所的风景和饮食是否能够满足艺术型上司的口味。

脑型式脑型（探索型）上司

决策方式：

"都仔细分析过了？要去那儿的理由是什么？"

1) 探索型上司进行决策的标准是"分析"

无论何种主题，探索型上司都会在进行一场深入的分析之后，再作决定。探索型上司分析得越深刻，问题就越突出。所以，他们善于从某份文件里指出问题，而非挑出优点。探索型上司如此重视"分析"，是因为他内心深处有着渴望向人们展示自己没有不了解的事情以及领域的欲望。而且他喜欢摆出一副好像很了解该领域的样子。仔细观察探索型上司的内心世界就会发现，他对无能有本能的恐惧心理和自卑心理，所以他一向执著于学习。

2）分析是基本！经过数值化之后再概括起来进行报告

想要应对探索型上司，首先要保持一颗平常心。即使你对研讨会场所进行了全面的分析也不要自满。探索型上司不会将目光只停留在分析上。能够将分析后的结果数值化，并将结果提炼出来，才能够使探索型上司接受。在向探索型上司报告关于研讨会场所的事情前，应事先将所有的情况考虑清楚。要进行全面的准备，直至能够概括地说出位置、费用、环境以及提供的东西等。在要说明的问题中，需要数值化的一定要进行数值化。在探索型上司面前，装出一副有知识的样子会更受欢迎。这样他才不会小看部下，并理智地对待你。

心型式脑型（模范型）上司

决策方式：

"这些经过仔细确认了吗？这份材料可信吗？"

1）模范型上司进行决策的标准是"可靠"

无论什么样的文件，模范型上司都能在堆积如山的资料中熟练地进行筛选。资料越多，就越能作出可靠的选择。因为，这样能让他预想到将来可能发生的所有不测。模范型上司如此重视"安全"，是因为他本人对安全感的渴望比较强烈。总的说来，模范型上司比其他性格类型的人更容易感到恐惧，即便是在工作的时候，也不难看出他恐惧失败的样子。所以，他会一而再再而三地用疑问的口气向部下询问"确实可靠吗？"

2）凭借可靠的相关资料赢得信赖

要想得到模范型上司的信任，就要做好明确、全面的准备。绝对不能给上司怀疑你的机会。每次提出异议，都要拿出事先准备好的材料进行说明。因此，在上交关于研讨会场所的报告之前，要先搜集好相关的可靠材料。如果让模范型上司说出"这个材料不可靠"这句话，那么就说明你已经失去了他的信任。这样一来，你就只能从头到尾地重做一遍了。

腹型式脑型（冒险型）上司

决策方式：

"不，不是没什么好玩的嘛。除了大海什么也没有啊！"

1）冒险型上司进行决策的标准是"趣味"

冒险型上司总是凭借"有没有更特别、更令人意想不到的""有没有能使人感到更加幸福的""什么会令人更加兴奋一些"来进行决策。不管什么文件，只要是打上传统观念烙印的就会被抵制。他只会选择那些与从前不同的、有趣的文件。因为，冒险型上司有渴望避免痛苦的欲望。因此，他受不了一本正经、无聊的事物，总是在追求快乐。在冒险型上司面前，一定要避免冗长的说明。如果拿出一份啰罗唆唆的资料进行报告，他肯定会立即将注意力转移到别的事情上。想要征服他，就要简明扼要地讲出要点，并在要点中加上与众不同的创意。

2）强调积极的一面

要想应对冒险型上司的决策方式，就要在报告中凸显积极的一面，而不是消极的一面。冒险型上司不愿意提及发生不测的可能性以及它可能带来的严重后果。如果职员在这样的上司面前老是一味地强调负面情况，就很容易给上司留下呆板且毫无冒险心的印象。比起其他因素，冒险型上司最重视的就是趣味性。他希望研讨会的场所能够起到放松心情的作用。最好是物色一个新颖多样且可以让人玩到筋疲力尽的地方。

Episode

艺术型的差别

企划部那边递来了一份请求函。

和谐型金科长一看是份急件，于是拿着请求函来到了郑部长的办公室。郑部长属于艺术型。

金科长向郑部长报告了关于请求函的事情，并详细地说明了情况。

接着便在那里等待批准。

郑部长看了看内容，只说了一句"不是从企划部那边来的吗？放在那儿吧"，就继续工作了，连看都没看金科长一眼。

金科长焦急地说道："现在马上批准，才能够尽快进行。""先放那儿，然后你先出去。"郑部长依然重复着刚才的话。

金科长只好说了声"是"，然后走了出来。

虽然按照上司的意思办了，但他却怎么也无法理解部长的行为。"需要尽快解决才行啊。"他不免担心起来。

艺术型上司是好恶分明的那种人。如果是自己喜欢的人，就算是做了坏事也会高兴，而对于自己讨厌的人，即使做了好事也会感到厌恶。一向和企划部部长关系不和的郑部长绝不可能那么痛痛快快地批准请求函。

且不说工作的事情。了解了情况的金科长担心企划部部长会因为这次的事情与郑部长发生矛盾。金科长向来不喜欢强求别人，所以他只能一声不吭地等着郑部长的批准。

获得上司的批准

　　职场生活中，最难的莫过于向上司进行报告，并得到上司的批准。不难想象，上司一边将等待批准的文件扔到地上，一边大声呵斥，而部下只能低着头站在那里的样子。同样的文件，有的部下能够轻轻松松地获得批准，而有的部下却会无缘无故受到教训或授人把柄，从而无法获得想要的结果。

　　殊不知这一切都是有原因的。因为每个人对上司的决策取向和风格的理解是不一样的。怎样才能了解上司所喜欢的报告方式和决策风格呢？就让我们来通过分析上司的性格类型，了解一下获得上司批准的方法吧。

　　事例：

　　刚刚从中国出差回来的金科长要到李部长那里去作报告，并力求获得相关经费的核准。他觉得空手去有些不太合适，于是，就拿着出差时在中国买的茶叶和报告资料以及需要上司批准的材料来到了李部长的办公室。

　　"部长，我今天是来报告出差情况的，有一些文件需要得到您的审批。哦，对了，这是中国茶，是送给您的小礼物。"

　　"哦，是吗，谢谢。"

　　"这是云南产的普洱茶，听说当年是献给清朝皇帝的。"

　　"啊，哦。"

　　"泡这个茶，水温很重要……"

　　"我说！金科长，你是来做报告的，还是来做普洱茶讲义的？"

　　"啊，是。"

　　"还是先给我看看你的报告书吧。"

　　"这个报告书的核心是什么？"（拿着报告书翻来翻去）

　　"是这样的，如果我们公司要打入中国市场……"

　　"我说，金科长！这算什么报告书？写的都是你自己的想法！是

不是应该有个更加明确的数据或更加客观的信息！请你重新整理一下报告书，再给我拿过来！"

"不是这样的，部长！如果用我的话来说……"

"什么话！出差报告竟然用口头表述！还有，我不太喜欢喝茶，所以就请金科长多喝点吧。"

对于金科长来说，这种情况简直就是荒唐至极。究竟如何才能拿出一份能够令李部长满意的报告呢？而且，他又为什么说不喜欢喝茶，并无视他人的诚意呢？那么，就一起来学习一下应对不同性格类型的方法吧。

获得九种不同性格类型上司的批准

腹型式腹型（领袖型）上司

进行有效报告的技巧：
"如果先说明结论的话，是这样的。"

1）先从结论讲起

领袖型上司的性子比较急。他喜欢不加修饰、不转弯抹角、开门见山的说话方式。所以，只要快速地先说明结论，再将情况和理由进行具体的解释就可以了。在作报告时需要特别注意的一点就是，"听别人说……"这样的说话方式很可能导致极坏的结果。如果采用这种方式进行汇报，很容易得到对方"那你是怎么想的""这样做的目的是什么"等反问。这时，最好能够坚持一份信念，说出自己的想法。

2）3秒钟内作出回答

领袖型上司提出问题后，一定要在3秒钟之内得到"Yes"或"No"的回答。如果不作回答，领袖型上司就会认为对方是在对自己的问题或意见表示反对。如果换作是探索型上司和模范型上司，他们会把职员的不作答当成"默认"。所以一定要记住，当领袖型上司提出问题的时候，要是不予回答，他会认为你是在拒绝或无视他的存在。一旦有了失误或者错误，就应该立即向上司报告并寻求帮助。不狡辩，坦白承认错误，领袖型上司反倒会为了解决问题而给予帮助和保护。

心型式腹型（和谐型）上司

进行有效报告的技巧：
"这就是向您报告的整体情况。"

1）需要强调，其建议是通过分析整体情况之后才提出的

通常，和谐型上司在决定某一事情之前，会先对所有的状况进行观察，然后再作出判断。所以，尤为重要的是，要强调其结论是在分析了所有的情况之后才得出来的，而且其想法不是一个人的，而是大家的。如果再能提出应对不测情况的方案，那就更加锦上添花了。

2）给予充分的时间作出决策

要给和谐型上司充分的时间和空闲，以便对多种情况进行考虑。如果时间紧迫或者总是催促上司作出决策，反倒会引起他的反感。而且，在做最后的报告之前，最好能将事情的进展情况随时报告给上司。只有在了解了整件事情的运转情况之后，和谐型上司才会迅速地作出裁决。而且要知道，不是上司什么也不说，就代表他对情况一点也不了解。不要认为和谐型上司一向谦虚慈祥，就可以随随便便地任意妄为。

脑型式腹型（改革型）上司

有效进行报告的技巧：
"需要做这件事情的理由是……"

1）要简单明了地说明理由

如果已经和改革型上司约好了进行报告的时间，就要一刻不差地

132

执行。一旦无法遵守约定，就应提前请求谅解。作报告的时候，一定要简明扼要地讲明必须去做的理由。报告得到批准之后，要简短地说声"我立刻就去办"，让他看到你想去执行的诚意。

2）刻画你的责任感和公事公办的态度

虽然改革型上司做事过于细致，但一旦赢得了他的信任，让他相信你是一个"有责任感且公私分明"的人，那么你的大部分报告都会顺利通过。一定要让他觉得你对自己负责的事情是公私分明的并且是用认真负责的态度去执行的。如果在决策上出了问题，一定要郑重地道歉，并努力改正。需要记住的是，他最讨厌那种想靠三言两语蒙混过关的态度。

心型式心型（助人型）上司

有效进行报告的技巧：
"部长，这是给您的礼物。"

1）对待上司要将心比心

请求助人型上司作出裁决或向他作报告时，最好不要太过呆板地进行事务性对话，要动之以情地向他描述。即便是去请求裁决，也要用"部长，今天的领带可真漂亮啊"去赞美对方一下。这样有利于你更加顺利地得到想要的结果。

2）利用小礼物

在向助人型上司作报告之前，先准备一杯上司喜欢喝的茶吧。若是能在出差或外勤回来的时候，给他带个小礼物，那么他一定会欢天喜地。无须费神讨好助人型上司，只要一点点诚意就能获得他的信任了。

脑型式心型（成就型）上司

有效进行报告的技巧：
"我会按照计划处理好的。"

1）与上司的时间表核对一下

对任何事，成就型上司都喜欢井井有条地制订计划后再去行动。所以，在请求批准或报告事情之前，最好先确认一下上司的状况。突然拿出需要批准的材料或向他进行报告，很容易让成就型上司感到不快。所以，千万不要妨碍他的计划。

2）简单报告核心内容之后，灵活运用数据

向成就型上司进行报告的时候，最好先简明扼要地说出核心内容，然后再最大限度地利用数据进行说明。繁琐冗长的报告只会让上司对你产生反感。而且，不要在上司提出问题之前进行说明，在他提出问题的时候作出回答才是最好的选择。在进行会议或简单报告时，要最大限度地将业绩、统计数值等与业务有关的数据背诵下来，并灵活准确地应用到报告中。

腹型式心型（艺术型）上司

有效进行报告的技巧：
"发现了一个新情况，部长！"

1）首先要把握情绪

艺术型上司是个情绪起伏非常大的"情绪派"。在所有的类型中，艺术型上司是最容易受到情绪左右的，也是最重视情绪变化的。心情不好的时候，无论多么合理且重要的议案他都不会去看一眼；心情好的时候，你会发现他有无限宽广的包容力，几乎没有什么事情能够惹恼他。

2）强调"差异性"和"创意"

向艺术型上司进行有关裁决的报告时，一定要强调出与传统不同的差别性和创造力。语气要铿锵有力、充满自信或者充满不拘泥于形式的温柔和冷静。同时，要想得到艺术型上司的肯定，有必要强调一下独特且富创意的内容。由于艺术型上司的嫉妒心比较重，所以作为部下最好不要表现得比上司更出色。如若不然，后果将不堪设想。开始的时候他也许会对你大加赞赏，但事后肯定会想方设法刁难你。

脑型式脑型（探索型）上司

有效进行报告的技巧：
"这是这份材料的核心！"

1）提示"论据"和"根据"

向探索型上司做报告时，要靠专业性和逻辑性来获得肯定。也就是说，需要充分的利用数据和渊博的知识以及客观的论据和根据来进行报告。如果繁琐、没头没尾地进行说明，会受到探索型上司的冷遇。不仅如此，还可能给他留下无能的印象。切记，报告书一定要利用数据和数字。

2）提前递交材料，以便事前翻阅检查

探索型上司会针对"核心究竟是什么""这样说的理由是什么"等提出问题。想要应对这种情况，就要提前递交材料，先让他进行翻阅检查，然后再作报告。最好还要充分地利用E-mail，以便给他足够的时间去寻找不满意的地方，并对文件进行分析。

心型式脑型（模范型）上司

有效进行报告的技巧：
"针对相关事项的客观材料，另外添加好了。"

1）充分附加有利资料

要想得到模范型上司的同意，必须做好应对所有不测事件的准备。在上司看完资料提出问题的时候，若能对其担忧的事项拿出事前准备好的方案，肯定能得到模范型上司的信任。像"连这种事情都需要担心吗？"这样的话无异于是在诋毁模范型上司的存在价值。给人一种准备得面面俱到、疏而不漏的印象，是得到模范型上司赏识的好方法。因此，最好在事前准备好已被验证过的资料、客观的统计数据、准确的数据等有利于作出决策的信息。

2）不要催促其进行裁决

通常模范型上司在给予批准之前，会在头脑中仔细确认所有的情况，所以通常情况下模范型上司作决策都比较慢。即便如此也不要催促他。模范型上司喜欢具有端庄的外表且彬彬有礼的人。但是过分亲昵和夸张的表现，很容易被他误会成你有不轨企图，所以在他面前一定要注意你的言行。

腹型式脑型（冒险型）上司

有效进行报告的技巧：
"主要内容已经被整理成文件了。"

1）传达要迅速

重要的是，接到指示后，能够迅速地对其进行整理并传达给上司。如前所述，冒险型上司的办事速度要比其他类型迅速，同样他也要求对方能够和自己一样迅速地处理事情。需要注意的是，对于决定好的事情，一定要利用恰当的理由进行说明。由于冒险型上司也是以思考为主的脑型人，所以要想获得批准就要先得到他的理解。

2）提供新的乐趣

冒险型上司不会很仔细地检查报告书。所以哪怕你拿来之前做过的，他也会不假思索地照例处理。因为冒险型上司是不断寻找"乐趣"的人，所以最好用新创意来征求他的同意。如果部下能够提出新的创意，那么他会非常感兴趣并乐意一同参与。

艺术型令人难以接受的"感觉"

一天下午，天气格外晴朗。艺术型部下向探索型上司问道："那个，明天我可不可以带薪休假一天？"部长看了看日程表，之后便痛痛快快地准了假。第二天，职员乘飞机去了济州岛。

迎着济州岛和煦的阳光，他自由自在地散了一会儿步。然后找了一家风景好的咖啡厅，一边喝咖啡，一边独自享受休闲时光。

又过了一天，部下心情愉快地来到公司，见到了部长便热情地说了声："部长，早上好！"

见状，路过的人问道："有什么好事吗？"

他回答说："昨天去了趟济州岛。"

"去了济州岛？都做什么了？"

"散了会儿步，然后找了个情调不错的地方喝了杯咖啡。"

部长听了，小声说道："不是吧！为了喝咖啡去了趟济州岛？就为了一杯咖啡不惜花那么多的钱买机票？"转过身，部长心里想道："真是没效率，简直无法理解。"接着摇了摇头便朝办公室走去。

听了部长的话，职员想道："部长哪知道什么叫情调？没有一点人情味。既无聊透顶，又不懂感觉。"想罢，朝部长办公室瞟了一眼，接着便像什么事都没发生过一样，高高兴兴地过了一天。

艺术型的人经常会做一些令其他类型难以接受的事情。而且他们的情绪起伏很大，有时会变得非常开心，有时又会变得十分忧郁。他变化不定的情绪，常常会让其他类型的人不知所措。

137

第三幕 读懂你的客户——让客户站在你这一边

赢得客户欢心

俗话说得好："女人见到降价的东西，即使没用也会购买。而男人见到自己需要的东西，即使价钱贵两倍也会去购买。"实际上，不论男女，人的性格类型不同，其购买方式和动心理由也各不相同。

有人在比较了性价比之后，认为合适就会购买。有人则会根据心情或者营业员的态度决定是否购买。有的客户喜欢对方彬彬有礼地对待自己，有的客户则认为过分讲究礼貌是一种负担。可以说人的性格五花八门。

事例：

在服装卖场上班的金代理看见一位顾客正在四处观望，便快步走到了顾客面前，打了个招呼后，开始询问起来。

"顾客，有什么可以帮您的吗？"

顾客回答道："我只想随便看看。"

金代理想了想，觉得没准他会喜欢自己推荐的东西。于是就拿着物品，一边向顾客展示一边说道："这是当前最流行的一款。款式真的棒极了。"

顾客看了看他说道："不，我自己慢慢看看。"

金代理以为他不太喜欢这种款式，便又拿来另一款开始进行讲解。

"那，您觉得这一款怎么样？这款肯定非常适合您。"

这时，忍无可忍的顾客冷冰冰地说道："我再去其他地方看看吧。"接着便走出了卖场。

金代理觉得有些尴尬，对于顾客的行为，他怎么都无法理解。"我已经尽了最大的努力。那人到底是哪里不满意，为什么就那样冷冰冰

地走了呢？"

如果你了解了客户的性格类型，就能轻而易举地找到应对方案了。

应对九种不同性格类型的客户

腹型式腹型（领袖型）客户

有效应对客户的技巧：
"这是我们卖场最好的商品！"

1）强调最高品质和最好品牌
领袖型顾客总是固执地追求最高的品质和最优的品牌，所以只要向他强调这两点就能收到成效。而且领袖型顾客一向豪迈大方，所以只要他喜欢，就不会太计较价钱问题。他始终认为"便宜没好货"。

2）给予皇帝般的待遇
在领袖型顾客看来顾客就是上帝。如果你能够满足领袖型顾客希望得到皇帝般待遇的想法，向他展示你的真心和诚意，那么他肯定会大力地帮你进行宣传，并乐意不惜重金大量购物，最终成为你忠实的老客户。而且，领袖型顾客在评价一个人的能力以及忠诚度的时候非常注重外表。所以，接待领袖型顾客的人一定要穿着得体并具有专业性。

心型式腹型（和谐型）客户

有效应对客户的技巧：
"这件商品不仅做工精致，而且非常实用。"

1）推荐一些普通且用起来方便的商品
和谐型顾客对变化不是很敏感，比较重视传统的价值观。所以向他推荐商品的时候，最好选择普通且经过验证的商品。尽量避免推荐那些最新的以及设计风格太过张扬的商品，他们喜欢简单而实用的商品。

2）帮助客户缩小选择范围

由于和谐型客户做事优柔寡断，所以他们总是很难作出选择。因此帮助客户缩小选择范围，也是一种关怀。通常，只要充满自信地推荐两三件商品，就能够轻松地吸引到和谐型客户。但有一点需要注意，千万不要让他有被强迫的感觉。为此，推荐商品时，一定要注意调节自身的强弱气势。对待和谐型客户，一定要具有耐心，以便不断增强信赖感。另外，千万不要说竞争商品和其他推销员的坏话。

脑型式腹型（改革型）客户

有效应对客户的技巧

"该商品通过了国内首次 ISO 认证，很受大众欢迎。"

1）突出商品公信力

由于改革型客户对商品品质非常重视，所以需要重点突出商品的公信力。由于他们非常信赖公开的行动指南，所以推荐的时候，要善于利用言论报导、舆论调查、品质保证商标等能够证明厂家公信力的材料。

2）真心诚意地对待

改革型客户重视基本素质和原则，同时他也要求对方遵循基本素质和原则。因此，对待改革型客户要真诚、坦率。第一次见面就讲肤浅玩笑的行为是绝对不可取的。专业的服装、郑重的问候以及待人亲切、彬彬有礼是最基本的要求。使用朴实、坦率的表达方式会更具效果。

心型式心型（助人型）客户

有效应对客户的技巧：

"东西也有适合自己的主人！太漂亮了！"

1）积极表现你对他的好感

要传递"对您有一种特别的好感，个人的友谊重于生意"式的亲切眼神。这期间，探讨一些个人的问题也不错。对产品进行说教式说明的办法，不如请他喝杯茶的效果好。多用像"简直太合适了""这可不是谁都能穿的"等语言给予肯定。虽然助人型客户表面上看起来不喜欢张扬，但是内心却比任何人都更希望引人注目。

2）经常送些小礼物

赠送助人型客户一些小礼物或者打折卡、感谢卡等。助人型客户一向有恩必报。即便不是马上，日后也一定会以购买更多商品的方式来表达谢意，并且还会为你介绍许多客户。

脑型式心型（成就型）客户

有效应对客户的技巧：

"这件商品卖得最快。"

1）直接切入正题

为成就型客户做介绍，最好直接切入正题。成就型客户对冗长的"前言"根本就不感兴趣。多使用像"效率""效果""前卫"之类的词语，来形容商品实用性、效率性、性价比以及对客户的影响会更加有效。

2）不要占用太长时间

计划和忙碌已成为成就型客户的生活习惯，所以最好对他的忙碌和重要性表示理解，并予以尊重。推荐前要先向客户说明不会占用太长时间。过分热情会引起厌烦，最好与他保持一定的距离，给他留出思考的余地。对待成就型客户要有"专业素质"。

腹型式心型（艺术型）客户

有效应对客户的技巧：
"眼光就是与众不同。"

1）强调这是那些"特别"的人经常寻找的商品

在向艺术型客户推荐商品的时候，要强调新颖独特的风格及质量。"这是狂热族最爱的商品""您的眼光果然与众不同"，他们喜欢听别人夸赞自己与众不同。与数量相比，艺术型客户更重视质量。所以他们容易被一些独创而又前卫的尖端商品吸引。

2）赞美其外表和感觉

由于艺术型客户喜欢秀气的外表和风格，所以一定要表现得有风度一些。同时，他们也喜欢听别人赞美自己的外表和感觉，因此，当听到"本来就有派头""长得真帅""品位超群"等溢美之词时就会心动。对待艺术型客户要像对待非常了不起的王子或公主一样，要伺候得细致入微、全心全意。需要注意的是，表示赞美的时候，千万不要给人一种虚伪的感觉。

脑型式脑型（探索型）客户

有效应对客户的技巧：
"这件衣服是用柔软的纤维以非对称结构制成的，看起来既动感又精致。天鹅绒、丝绒、丝绸等会反射太阳光，这样一来，会使身材看起来更大。所以比起那一款，这一款更适合您。"

1）用专业知识做武器

面对探索型客户要多介绍有关商品的专业知识。他们希望能够从具有丰富专业知识的人那里购买商品。对待探索型客户的提问，最好是以冷静认真的态度对重点作出简单明了的介绍。

2）过分热情是禁忌

在探索型客户面前千万不要表现得太过热情。他们认为那样很过火。只要让他感觉舒服、没有负担就足够了。不要试图靠闲聊来建立私人感情，既然是生意，就要用"生意经"来应对。最好能为探索型客户提供购物指南。倘若事先能以文件的形式发给他，那么效果就更好了。

心型式脑型（模范型）客户

有效应对客户的技巧：

"您就尽管拿去穿吧，如果出现问题随时都可以退货，但我保证绝对不会有这种事情发生。"

1）帮助排除疑虑

通常说来，模范型客户的疑心都比较重。所以推荐商品时，首先要做的就是消除他的疑虑。要善于使用品质保证、权威机构的验证材料以及背景资料等有关商品品质的信息。同时，若你能告诉他该商品具有的潜在危险以及解决方案，他会更加信赖你。由于模范型客户只有在完全消除了疑虑之后才会购买商品，所以要给他充分的时间考虑。事前出示详细的资料，或给予一定的试用期也是不错的方法。

2）展示模范销售员形象

因为模范型客户喜欢诚实、稳重、自律的人。所以最好能向他展示模范销售员的形象。装束一定要整洁，资料包一定要整齐，要将你对公司商品的热爱以及忘我的工作态度展示出来。谄媚邀宠、过分亲热和身体接触都会带来不好的效果。

腹型式脑型（冒险型）客户

有效应对客户的技巧：

"这件商品用了最新技术。不会出褶，洗完甩两下就可以直接穿上。"

1）强调实实在在的好处

冒险型客户在计算现实利益得失方面非常在行。所以，在向冒险型客户推荐之前，一定要准备好回答与客户切身利益有关的问题。过多的详细事项和无关紧要的话题会让他感到没趣或无聊，所以一定要避免。

2）强调是高科技商品

模范型客户对新颖的高科技商品非常感兴趣，所以推荐时大赞该商品的创新性能、实际效果会得到不错的响应。倘若再能赞美一下冒险型客户的明智选择，那么效果就更好了。而且，推荐时，一定要展现出你杰出的才能和幽默感，并积极主动地接近对方。

Episode

从结果来看，模范型和冒险型命相相投

极端积极的冒险型和极端消极的模范型见面了。

两个人正在针对一个新的研究项目开会。

冒险型金代理抱着对美好未来的无限憧憬大胆地提出了自己的创想。与之相反，模范型朴代理持着慎重的态度提出了一些可能出现的问题。

在金代理看来，朴代理的顾虑都是多余的。相反，在朴代理看来，凡事都持乐观态度的金代理，办起事来毫无头绪。最后，会议结束了，两个人不欢而散。

可以说，开会时此二人基本上处于互不相容的状态中。

但是，我们可以换个角度看待这个问题。若两个冒险型的人在一起谈话，气氛虽然会更融洽一些，但难免会制订出虚无缥缈且脱离实际的计划。同理，两个模范型的人在一起谈话，势必会出现双方都只顾提问题，最终因找不到对策而终止会议的局面。

冒险型的人善于提出积极的创想，模范型的人善于提出问题。两人恰好形成互补，一个不断地提出问题，一个不停地提出解决问题的方法……就这样不停反复，肯定能够制订出一份成功的计划。

处理客户的不满

如果将"顾客"二字拆开解释，就有了"回顾的客户"的意思。回顾可以解释为不停地思考对方，并给予评价。正因如此，顾客们才总是那么挑剔，总是给我们带来这样那样的麻烦。但是，我们绝对不能忘记，正因为有顾客的存在我们才得以生存。

顾客向来善变，很容易背叛我们，如果他们决定转身，就会毫不留情地背过身去绝不再回头。甚至，还会让身边的人与你断绝来往。然而，一旦赢得了他们的欢心，他们就会再来购买东西，有时还会帮忙宣传。从这几方面看来，顾客确实是难以应付的存在。

其中，最为重要的是保持一种"顾客永远是正确的"的心态。我们都明白一个事实，那就是在我们看来无法理解的事情，站到对方的立场上考虑时就会变得合情合理。再进一步说，如果明白不同的性格类型拥有各自不同的风格，那么你就能够更加宽容地理解对方的立场，并且更加有效地应对顾客的不满了。

事例：

一位顾客说，他的新车买了不到一年，方向盘周围老是有奇怪的噪音发出，要求无偿"A/S"（售后维修服务）。实际上，年初的时候他来做过检查。当时的结论是，噪音来自气泵，没什么大问题，所以让他先开着，等到噪音更严重了再过来修理。最终，由于噪音始终存在，所以他接受了无偿的"A/S"。

服务中心的职员用计算机查了查相关的服务细节。发现根本没有顾客说的有关年初无偿"A/S"的电子记录。

"我们这里根本就没有您说的年初'A/S'的电子记录啊？而且，噪音是使用不当引起的，所以修理需要付费。"

听了职员的话后，那个顾客暴跳如雷："没有电子记录就是理由了吗？你们没做电子记录，难道责任要由我来承担吗？！"他觉得这件事荒唐极了，脸上一副无法理解的表情，于是发起火来。

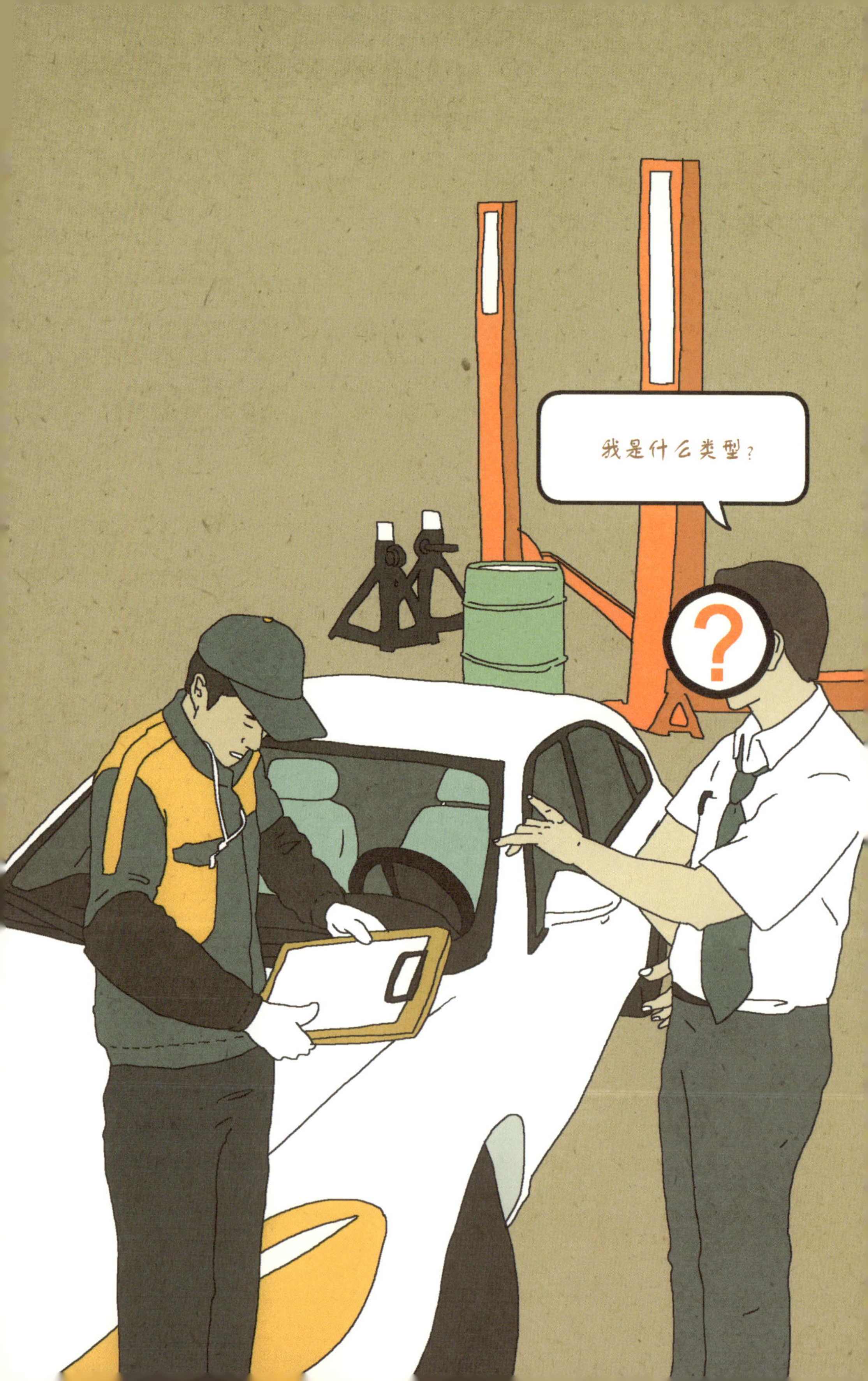
我是什么类型？

"是这样的，如果您接受过'A/S'，我们这里应该有电子记录的，但现在却没有。"

"也就是说现在无法确认我说的话是真是假？你的意思是我无中生有了？"

解决不好顾客小小的不满，很可能引来更大的麻烦。不同性格类型的人，表达不满的方式都是什么样的呢？怎样才能彻底地解决这些不满呢？

处理九种不同性格类型客户的不满

腹型式腹型（领袖型）客户

表达不满的方式：

"连这件小事都做不好，给人带来损失的究竟是谁啊？啊？够了！我要和负责人说话，赶快让负责人出来。"

1）有错就立即道歉，并表明你的态度

领袖型顾客说话时总是带着攻击性，而且一旦争吵起来就绝不会让步。他会一直坚持己见，直到对方向他跪地求饶，并服从他的要求。而且他认为，和一般职员说根本解决不了任何问题，所以他会直接找负责人谈话。在领袖型的顾客面前，最好是有错就改，并郑重地予以道歉。一味地讲理或作出缓慢的回应无异于火上浇油。

2）不要试图找借口或随意搪塞过去

领袖型顾客最受不了不公平的事情，而且对不坦诚的态度非常敏感。面对不够坦率、撒谎、狡辩以及试图敷衍了事的态度，他一定会大发雷霆。所以，一定要用明确的态度对待错误。

心型式腹型（和谐型）客户

表达不满的方式：

"就是在这里办的'A/S'，没有记录，这是什么话？请帮我把那天为我办理手续的职员找出来。"

1）以谦逊的态度说明情况

对待和谐型顾客要以小心翼翼、谦虚的态度详细地说明情况。因为他渴望了解整体情况，渴望知道究竟是什么原因导致了这样的问题。和谐型顾客希望对方能够对他的立场表示理解，并能和他站在同一立场上产生共鸣，然后尽快地解决问题。所以说话时一定要温和一点，谦逊一点。

2）不要因为对方的抗议不强烈就马虎行事

和谐型顾客讨厌引起不必要的摩擦或矛盾。但是如果因为对方的抗议不强烈，就不把对方当回事，那么他会像顽石一样坚持己见。到忍无可忍的时候，他就会失去理性，大声呵斥。和谐型顾客无论多么生气都会先忍着，直到最后一刻"砰"的一声爆发。和谐型顾客性格非常固执，即使犯了错也会坚持自己的立场。

脑型式腹型（改革型）客户

表达不满的方式：

"我都和那天上班的职员讲过很多次了（提供证据），竟然没有记录，这成何体统？（指出其业务上的过失）这应该是你们的过失吧。"

1）立即改正

如果有错，最好立即改正。改革型顾客习惯于批判，总是抱着一种坚持原则和规范、有错必改的使命感生活。所以，面对他的不满，最好能以明确切实的态度和认真负责的姿态，郑重地予以道歉，并准确地解释出原因。

2）不要试图敷衍了事

在所有的性格类型中，改革型属于最容易发火的类型。可以说，他们对任何事情都非常挑剔和固执。如果试图敷衍了事，他会为了成为榜样而直言直语地"斤斤计较"，直到你予以道歉并改正。

心型式心型（助人型）客户

表达不满的方式：

"是你们录入资料时出的问题，这怪谁呢？请帮我找一下那天帮我做'A/S'的那个人。我告诉你们，我要到消费者举报中心去投诉，向他们说明我的损失（来个下马威。根据职员的反应，有可能举报，也有可能不举报）。"

1）理解客户受伤的心情

虽然解决问题不容忽视，但对助人型顾客来说，得到理解更加重要。如果用"好好给你解决问题不就行了吗"之类的话搪塞他，一定会激起他更大的不满。所以，当他像发牢骚一样抱怨的时候，千万不要打断他，直到他痛快为止。这期间，你要做的是一边点头一边随声附和地说："天啊，一定吓坏了吧？原来是这样啊！换作是我也会非常伤心的！"接着帮助他缓解心情就行了。

2）警惕传言

与其说助人型顾客看重的是本质问题，不如说是接待方式和店员的态度。倘若这些没有做好，他就会怀有更大的不满。而且，如果试图草草地敷衍了事，他会将坏话传遍全城。

脑型式心型（成就型）客户

表达不满的方式：

"我觉得没有必要修理，开了不到一年就老是发生这样的问题，简直太可怕了，我开不了。请给我换一台新车或者退款。我不想在这里就这件事情和你争论不休，简直是浪费时间，所以请您尽快处理。"

1）迅速应对

即便是在倾诉不满，成就型客户也会因在意周围人的看法而抑制自己的情感，并以一种"这样浪费时间实在是太可惜了"的口气说话。针对这种情况，你先要为让对方浪费了"宝贵的时间"而郑重致歉。其次，在问题无法当场解决的情况下，一定不能让他在现场等着。最好在说了"问题解决了一定和您取得联系"之后，让顾客先回去。

2）展示你专业的职业形象

像罪人一样低着头或者不知所措地慌里慌张以及说话吞吞吐吐，只会让他更加生气。在他面前，不要惊慌，要表现得像经常处理这种事情的专业人员一样。最好先清楚简洁地给予说明，然后游刃有余地处理事情。

腹型式心型（艺术型）客户

表达不满的方式：

"当时是一个短头发、戴眼镜的职员帮我办的。名字叫……崔工程师，请帮我好好查查。记录没做好，难道不是你们的过失吗？要是不把那人叫来进行确认也行，你们要想办法帮我快点解决。"

1）理解对方，产生共鸣

如果将艺术型顾客视为因一点小事情就抱怨的普通人，他会非常不愉快，所以最好给他留下一种受到了特别待遇的印象。如果利用现有资料予以反驳，他就会说"够了，帮我把那个人找出来"。原本很平静的他，一旦心情变糟就会变得不近人情，摆出一副用利爪抓人的样子。生气的时候，他的口气就会变得犀利、讥讽、神经质。如果不把他的主张当回事或者试图压制，那么他就会产生抵抗情绪甚至做出难以想象的行为。

2）认真正式地予以道歉

通常情况下，即便艺术型顾客有什么不满，也不会大声嚷嚷。不过一旦发现对方不体谅自己的处境，他就会突然改变态度，不顾周围人的看法，提出粗鲁的抗议，并表达出自己的情感。比起直言直语的说话方式，委婉的说法更合他的口味。倘若你能郑重地予以道歉，并等顾客把话讲完，那么他的态度就会转好。

脑型式脑型（探索型）客户

表达不满的方式：

"年初我就已经要求过'A/S'了，看来，那个职员没有认真地为我办理业务，忘记做记录了。没有电子记录就一口认定是客户的过失，这是不是有些操之过急了？这样很容易产生谬误的。"

1）有条有理地说明问题的原因

一般情况下，探索型顾客表达不满会以事实为重、据理论事，如果事情得不到解决，他就会采取慢慢与之断绝来往的行动。他认为抑制情感是种美德，所以他不会轻易激动，也不会将情绪状态表现在脸上。他是个冷冰冰、冷酷、讲话从不啰啰唆唆的人。为了解决问题，他会简单地说出问题的核心，且不会再说第二遍。如果说完第一遍后，有人再问，他就会变得冷漠。这型人最讨厌将事情弄复杂或者将问题搞大。

2）提示解决问题的方案

面对探索型顾客的不满，你要有条有理并妥当地向他说明问题的原因。不要用"对不起"之类的话拖延时间，或者没完没了地进行狡辩。在冷静地说明问题原因之后，告诉对方在约定的时间内会作出怎样的安排，将如何解决问题。

心型式脑型（模范型）客户

表达不满的方式：

"上次是崔工程师给我办的。我就担心会发生同样的问题，所以当时连名片都收了，以便联系。"（如果这样都得不到解决，就会向总公司进行咨询，并要求进行相关处理。）

1）要有礼貌

模范型客户一向待人彬彬有礼。但是一旦发起火来，就会用挖苦或讥讽的言语攻击别人，所以面对他的不满，一定要最大限度地坦诚相对。模范型顾客的座右铭是正直、诚实和责任感。他主张言出必行，出现不满事项时，他最关注的是对方是否凭良心且以诚实和负责的态度办事。

2）帮助客户解除担忧

模范型顾客是个"安全第一主义者"，事情发生之前，他会事先预想到最糟糕的情况。所以，要用能让他放下心来的言语以及一定会负责到底的态度面对模范型客户提出来的问题。虽然通常情况下，模范型客户会认认真真且条理清楚地提出不满，但有时候他也会突然改变态度，甚至直接去消费者举报中心举报。

喔！

腹型式脑型（冒险型）客户

表达不满的方式：

"我在1月17号那天来过一次，请重新确认一下。买的明明是新车，现在坏了，硬说是使用上的问题，真是令人无法接受。我又不是赛车手，怎么会在使用上出问题？请尽快帮我解决"（如果这样都不能达成一致，就会立即转身离开。通过网站或与总公司直接取得联系表达不满）。

1）尽可能迅速地给予赔偿

一旦出现不满事项，冒险型顾客就会觉得麻烦，所以他会要求立即为他恢复原样。这是因为他不愿意长时间地面对无端发生的事情。在所有类型当中，冒险型顾客最无法忍受无聊和严重的事情，所以，为了避免痛苦，他会极力逃避。在他们看来，长时间地为不满的事情苦恼或费尽心思，是浪费时间、浪费精力的事情。

2）只用情感表达歉意解决不了任何问题

应对损失给予实质性的赔偿，并以此来向对方表达歉意。在所有的性格类型中，冒险型属于办事速度最快的那种。所以，在出现不满事项的时候，他会要求对方以最快的速度予以解决。由此可见，只要在对问题进行说明之后，尽量以最快的速度给予补偿，就能轻松地应对冒险型客户了。只用感情表达歉意是绝对解决不了问题的。

Episode

九种不同性格类型的人应对问题的有趣方式

1）九种不同性格类型的人因会餐齐聚一堂。

冒险型：开始张罗会餐事宜。"今天来一杯？"

探索型：装作去的样子，却在不知不觉中偷摸溜掉。

助人型：为了活跃会餐气氛，说着一些夸张的话。

冒险型：提议要喝一杯，然后转身溜走。

成就型：装作很忙的样子起身。

改革型&模范型：到了该走的时间就准时起身。

艺术型：指着先走的人说"真扫兴！"

领袖型：说"下次就不要叫他们了"。

和谐型：嘴里说着家里有事，却一直留到最后。直到将喝醉的人送走，他才离开。

2）窥视地球的 UFO 出现了。我们的勇士逮捕了外星人。他们会用什么样的方法探出有关侵略的情报呢？

领袖型：不由分说，先打个半死再说。

和谐型：说着能够理解对方立场的话，然后用酒将其灌醉，使之泄露秘密。

改革型：先让对方饿着，然后再按照原则阶段性地进行拷问（水刑、电刑）。

助人型：先答应把他弄出去，还给食物吃，拉近关系之后再诱惑说"我可以让你见到家人"。

成就型：威胁说，不讲就把你的家人带来一起杀掉。

艺术型：如果是男人就用女人，如果是女人就用男人，为了诱其上钩、骗其泄密不择手段。

探索型：通过观察，找出阿基里斯腱（中枢部位）。作精神拷问，而非肉体刑罚（威胁其要是不说，就让他求生不得求死

157

不能）。

模范型：不让他睡觉，通过审问了解弱点后，再用刑。

冒险型：试过各种方法之后，找出一个最让对方讨厌、痛苦的方式来集中用刑，并强迫说出。

3）刚躺在床上准备睡觉，却发现没有关灯。

领袖型：边发火边去关灯。靠扔东西击中开关来关灯。

和谐型：叫弟弟。"××，你过来一下。"当弟弟来到房间，"帮我把屋里的灯关一下。"拜托弟弟把灯关掉。

改革型：马上起来关灯再睡。

助人型：一边嘟囔，一边去关灯。

成就型：边计算时间边匆忙关灯。

艺术型：随着性子来。想关就关，不想关就直接入睡。

探索型：将灯绳绑到床前，躺下来拽绳关灯。

模范型：很自然地关灯。

冒险型：耍了一会儿性子，便盖上被子睡觉。

台后：让天性发光
——人尽其才，各得其所

人各有才，才有所用

古人云："悠悠万事，人事为大。"根据业务性质配备合适的人选，对团队的发展大有好处。因此，选人时要善于发掘人的核心力量。简单地说，核心力量就和树的根是一样的。我们必须弄清楚，究竟是苹果树根、梨树根还是葡萄树根。种了苹果树却期待着它结梨，最终会得到什么样的结果呢？即便不说大家也应该清楚。

如果能够掌握职员的核心力量，并为其提供适合的土壤，进行适合其才能的业务安排，职员肯定会"如鱼得水"般发挥出自己的能力。将山兔派往大海，将海龟派往高山，又怎能让他们充分发挥出自己的才能呢？

事例：

销售部的金部长，对本次入选的新职员很不满意。因为在这些年轻人的脸上看不到一点儿朝气。

金部长找来了李科长。

"我说李科长，这次选的新职员学历都挺好，可怎么一个个都那么傻里傻气的。应该有股冲劲才是，可怎么连一点儿朝气都没有？"

"您不必担心。部长，正所谓人都'一个样'。先把脑袋好使的选出来，然后再通过调教来改变他们。这次针对销售部的新职员安排了一场陆战队海滩训练。只要经过了这场训练，他们就会变得不同寻常，都会变得像黄牛一样。"

"是吗？"

"请您不要担心。不管怎么说，销售部的职员们，只要在海滩上实实在在地受几天苦，就都知道自己究竟该干什么了。"

"好，那就按照李科长说的办，让他们好好地受几天苦吧。"

经过了四天三夜的陆战队海滩训练，销售部新来的 5 个职员中，有 3 个向公司递交了辞呈。

为什么会发生这种事情呢？

根据人们与生俱来的不同的性格类型，人与人之间存在着太多的差异。根据各自的性格类型，有适合做销售工作的，有适合做研究工作的，也有适合做服务工作的。就让我们一起来了解一下，不同性格类型所具有的核心力量以及与其相适应的工作类型吧。

九种不同性格类型的核心力量及业务

领袖型

1) 核心力量
（天生的领袖）

具有无人能比的钢铁意志和推动力，即使面对艰难险阻也能够像推土机一样一推到底，一旦开始工作就会拼了命地投入，越是难做的课题就做得越起劲儿，这就是领袖型人物。有的时候他还会成为挽救濒临倒闭的公司，或克服困难、挑战人类极限的英雄。

他们具有不可小视的动物直觉。经常利用感性判断来辨别事物的对错，推进事物的进程。喜欢用直觉来判断"就是这个"，并迅速地处理事物。

同时，他们是天生的统帅。不愿跟在他人后面行动，喜欢站在前面引导人们前进，在激发人的潜能方面有直觉本能。不喜欢受人指使，凡是自己主动要求负责的事情，都能准确无误地完成。

领袖型人物最大的缺点就是个性太强，难以配合。但是由于他像无敌铁金刚一样，毫无私心地为正义和大义而战，所以总会有很多人追随并尊敬他。另外，领袖型人物外表看起来非常刚强，内心却又非常柔弱。所以，也有许多人被他的真诚所打动。

2）人尽其才，各得其所
适合领袖型性格的事情
· 能够引导和统率他人、并享有决定权的事情
· 全方位扩大团队规模的事情
· 需要果敢的决断力和推动力的事情
· 负有团队有关业务责任和实权的事情

不适合领袖型性格的事情
· 配合他人的事情（会先发起火来。）
· 需要按照计划认真细致地执行的事情（细节部分总也顾及不到）
· 限定规则的事情（会因受到干涉或不能按照自己的意愿办事而生气）
· 整天坐在办公室里的事情（能够活跃在现场的事情会更合胃口）

适合的工作｜新业务、销售、经营者
不适合的工作｜会计、总务、管理、研究、服务、客户接待、秘书

和谐型

1）核心力量
（马拉松选手）
和谐型人物具有无人能比的耐力，即使他人都跑得筋疲力尽，开始掉队，他也会一个人坚持到最后。开始的时候可能会倍感困难，但是一旦开始，他就不会放弃，直到成功为止。和谐型人物的耐力足够弥补他们在创造性上的不足。他们会凭借耐力让不可能成为可能，然

后再创造出新的可能性。

　　和谐型人物无论走到哪里，都能起到协调整体的作用。在积极主动的人面前，他会充当优秀的支持者，而在消极被动的人面前，他会亲自扛起枪杆跑来跑去。虽然为了顾及全局而做事缓慢，但他们善于发现人们考虑不到的不足之处，并在有意无意间促进事物的成功。

　　和谐型人物在进行公平的仲裁和协商方面有突出的能力。能够在体谅对方立场的同时，让事情不偏不倚地达到平衡。在此基础上，对方也能够感受到他们是在真心诚意地予以理解，所以会在不知不觉间与之达成共识。

　　2）人尽其才，各得其所
　　适合和谐型性格的事情
　　·需要组建和谐团队的事情
　　·解决矛盾、促进成长的事情
　　·经常与人见面、较为活跃的事情
　　·需要长期坚持的事情
　　·不会经常发生变动的事情

　　不适合和谐型性格的事情
　　·运用知识进行研发的事情（对于动脑筋的事情，会觉得吃力）
　　·需要一直坐着的事情（不动就会变得越来越懒）
　　·需要竞争的事情（遇到让对方受损或需要强迫对方做事情的情况，会觉得非常难办）

　　适合的工作｜人事、文化部、劳资、客服

　　不适合的工作｜会计、研究所、开发、企划

完成!!

FINISH

改革型

1）核心力量

（教练）

具有常人无法比拟的执行力。只要认为是正确的、需要遵守的，就会立即率先执行。最讨厌言行不一致的人。认为明知道要去做却不能马上去行动的人都是伪君子。虽然雷厉风行，但由于行动太过迅速，所以常常会疏漏细节。

比起创造，改革型人物在改善、改革方面的能力更为突出。无论什么事情，他们都会尽量往好的方面改造。不仅是对自己，他们还会因启发他人改正错误而感到自豪。对他们而言，即使是一件事情，也会处理得非常仔细。无法马马虎虎地只摆样子，或者含糊地应付过去。无论什么事情，只要一经改革型人物之手，就会变得尽善尽美，甚至不用再检查第二遍。

节俭是改革型人物根深蒂固的习惯。即使他们变成富翁也会将一双皮鞋穿上 15 年。节俭的同时，他们也会买一些真正有价值的东西，然后一直用下去，直到再利用。

2）人尽其才，各得其所

适合改革型性格的事情

· 公正且遵守客观原则的事情

· 需要细致思考的事情

· 需要将环境或制度进一步改善的事情

不适合改革型性格的事情

· 没有行动且需要进行复杂思考的事情

· 需要亲切接待的事情

· 毫无原则、经常变动、需要发挥变通能力的事情（强调原则甚于变通能力）

嘀 嘀 !

适合的工作｜会计、总务、管理、监事

不适合的工作｜客服、秘书、研究、宣传、营销

助人型

1）核心力量

（消息灵通的人）

助人型人物处于人际关系网的中心。由于他们和周围人的关系都很好，所以人们心里的秘密或者团队内的隐情，他都非常了解。换言之，你想知道什么直接去问助人型人物就行了。从这些消息灵通的人们嘴里，不仅可以得到公开的消息，还可以得到那些非公开的秘密。

助人型人物的亲切和蔼是无人能比的。他们始终摆着一副笑脸，所以常常会得到"微笑女""微笑男"这样的外号。集亲切与善解人意的能力于一身的助人型人物，无论在谁眼里都是最棒的服务人员。

善于与他人产生共鸣，"噢！啊！的确！"等感叹词已成为口头禅。真心实意地体谅对方的悲伤与欢乐，只看一眼对方的表情就能够猜透对方的心理。即使不是什么大事，只要和助人型人物一起分享，快乐的事情就会变得更快乐，不快乐的事情也会变得快乐。所以，助人型人物的身边总是围着许多人，他们会让身边的人感到非常舒服。助人型人物善于与人一起分享烦恼，给他人帮助，为疲劳的人打气。善于在人与人之间搭建桥梁，他们总能发挥最大的协同效应。

2）人尽其才，各得其所

适合助人型性格的事情

· 需要直接与人相处的事情

· 为人做参谋、进行调节、给予协助的事情

· 需要热情、细心服务的事情

啪啪——

不适合助人型性格的事情

·需要独自完成的事情（不和他人在一起就感觉不到自身的存在价值）

·搞研究的事情（不擅做学问）

·抛头露面另辟蹊径的事情（应对危机的能力、爆发力、统率力不足）

适合的工作｜销售、推销、劳务、秘书、助理

不适合的工作｜会计、监察、研究、TFT（公关活动）

成就型

1）核心力量

（指挥者）

不论什么事情，只要到了成就型人物的手里就会变得更好。成就型人物能够堂堂正正地将自己身上所拥有的东西110％地奉献出来。即使存在不足，也总是自信满满，不轻易退缩。正所谓好看的点心才更好吃，即使是一模一样的东西，成就型人物也能弄出点儿与众不同的小花样来。因为他们具有与生俱来的直觉，懂得怎样能更加吸引人们的视线和赢得别人的好感。

而且他们在协调部分与整体的关系以及引导方面具有杰出的才能。是个心明眼亮的人，一看便知该给什么样的人安排什么样的工作以及该如何引导他人。他们还能对不足的部分进行弥补、把关，使整个组织朝着同一目标前进。当看到整体与部分齐头并进的时候，他们会非常快乐。

成就型人物在按照阶段制订目标，并为了实现目标，不断为他人打气方面是个高手。善于适当地提示别人注意目标、补偿和损失，展示他们对别人的期待，并发掘出对方的潜在能力。与其让他们充当参与者，不如让他们在教练、监察者的职位上把关。

跳～！

成就型人物是个天生的人体计划表。从早上起床开始直到晚上睡觉，他的心里始终有一份属于自己的计划，从十几二十年的长期计划到一两个月的短期计划。没有目标的生活对于成就型人物来说毫无意义。在持续制订目标，并对目标进行管理方面，成就型人物真可谓是个达人。

2）人尽其才，各得其所
适合成就型性格的事情
· 利用人脉与高人见面的事情
· 安置和使唤别人的事情
· 带头发挥主导作用的事情
· 成效显著并能够使人羡慕的事情
· 将现有制度进行重整、改善，使其得到发展，变得更具效率的事情

不适合成就型性格的事情
· 成效不显著的事情（无法突显自己的能力，越做越泄气）
· 简单且需要独自完成的事情（没有对手找不到动力）
· 搞研究的事情（创造性方面有些不足）

适合的工作｜宣传、企划、营销、销售

不适合的工作｜会计、经理、总务、监察、研究

艺术型

1）核心力量
（人道主义者）
即便不故意亮相，也能吸引人们的眼球。无论做什么事情，都显得那么与众不同，在引人注目方面能力突出。看待事物的眼光独特，

能站在不同的角度观看，并善于发现其差异性。经常会被一些特殊的事物吸引。仅凭"其他人都不做"这一理由就足以令自己受到鼓舞。

虽然善变，但人格魅力非凡，所以想让人不喜欢都难。女性的娇媚、男性的慈祥一样能让身边的人感动，并觉得心里暖暖的。经常会让那些毫无遮掩、诚实坦率的人心动。得益于此，艺术型人物在人际交往方面能力突出。不是主动地去接近对方，而是本能地让对方被自己吸引。时而用自己温柔的微笑和言谈使对方动心，时而给对方一种挑剔、难于交往的感觉，并以此来引起对方的关注。他们在半推半就方面是个奇才。

艺术型人物一旦被某件事情深深吸引，就会不顾一切地全身心地投入到其中。他会忘记时间和空间，发挥其惊人的集中力。对于自己的工作，出于作为工匠艺术家的本性，他会投入心血认真地去做。对于艺术型人物来说，自己的工作就是自己的作品。

2）人尽其才，各得其所
适合艺术型性格的事情
·亲自跑腿和人见面的事情
·能体现自身感觉的事情
·用前所未有的新方法去操作的事情
·在业务过程或者计划中能自行使用权限的事情

不适合艺术型性格的事情
·日常的，需要反复进行的事情
·无法立即见到成果的事情
·框架鲜明，需要按部就班进行的事情
·做别人的助理或者无法引起人们注意的事情

适合的工作｜宣传、广告、活动、企划、营销、TFT（公关活动）、销售

不适合的工作｜管理、会计、总务

探索型

1）核心力量

（天生的战略家）

因为有与生俱来的理性能力作基础，所以在观察和分析全局以及寻找控制大局的方法方面具有卓越的能力。在推导复杂的数学公式、计算机编程、发展科学或开发最新尖端技术方面富有才华。通常会努力培养自身能力至少达到某一领域内的专家水准为止。他们渴望成为人们眼中的智慧人士。无论什么事情，他们都会选择自己能够完全驾驭的去做。

能够发挥其惊人的观察力——利用客观的分析能力把握全局和核心问题。在充分确认自己的想法是否与客观原理相符之后，能够制订出以最少的精力取得最大成果的高度战略和整体计划。

2）人尽其才，各得其所

适合探索型性格的事情

· 需要专门知识的事情

· 需要创意和集中力的事情

· 有充分的时间对创想进行加工并做准备的事情

· 具有私人办公空间，在保障私生活的前提下去做的事情

不适合探索型性格的事情

· 需要经常活动的事情（难以接受消耗体力的事情）

· 需要经常与人接触，并配合他人的事情（很难与对方产生共鸣）

· 带头引导的事情（喜欢避开人们的视线，指导力、统率力不足）

适合的工作｜战略企划、研究、财务、投资

不适合的工作｜服务、接待顾客、销售、现场职员

模范型

1）核心力量

（百科辞典）

搜集信息的能手——模范型人物，虽然不具有精湛的专业知识，但在常识方面具有非常渊博的知识。始终观看新闻报纸，一向关注历史和社会现象。善于整合、分析信息，并对其进行准确预测。只要和信息有关，他们的能力无人能比。

善于应对突发事件。与其说他们爆发力超群，不如说他们时刻都在警戒与预备，时刻警惕危险要素。虽然他们喜欢做幕后工作，但其特工精神强烈，面对危机会勇敢地挺身而出，甚至为大家的利益而牺牲自己。

从不耍小聪明的模范型人物集诚实、勤勉、责任感于一身。如他的头衔"模范型"一样，从小他们就知道在规定好的框架里一心一意、诚实并竭尽全力地做事。如果说改革型人物是积极主动进行引导并努力对不足的事物进行改造的类型，那么模范型人物就属于维持原有框架，使其得到巩固，并为集体安全负全部责任的类型。

比起自己的利益，总是在背后默默地为部下着想。周末的时候，他们总会悄悄地去找那些生活困难的人，给予精神帮助或经济上的援助。虽然他们表面总给人一种冷冰冰的感觉，但内心却是慈善而火热的。

2）人尽其才，各得其所

适合模范型性格的事情

· 业务范围明确的事情

· 制度较为稳定，不会突变的事情

· 需要细致准备的事情

· 规则明确，且权责分明的事情

台后：让天性发光

175

刷——
沙沙——

Red
Feath
Cam

不适合模范型性格的事情

· 经常发生变动的事情

· 需要爆发力的事情

· 需要才能和创意的事情

· 无法进行预测的事情（会加重不安心理）

· 业务范围不明确的事情（不知道该对哪些问题进行思考和准备）

适合的工作｜会计、管理、总务、监察

不适合的工作｜宣传、营销、新业务、服务

冒险型

1）核心力量

（智囊）

他们最拿手的是揭开事情的开端。善于在短期内投入热情、鼓励人们愉快地参加工作，并善于搞活现场气氛。但对于接二连三发生的事情，他们就不是那么善于应对了。需要有人来帮其善后才能顺利完成。

头脑灵活的冒险型人物是个智囊。需要新思路时，他们总是能提出创见。但并非每个创见都那么宝贵且重要，也有可能是一些不成熟、滥竽充数的见解，所以一定要慎重地筛选他们的创见。

冒险型人物能够在同一时间迅速地处理好几件事情。在没有备战的情况下，能够一路直冲，所以办事速度无人能比。凡事有利就有弊，因为他们办事速度快，所以常常会出现一些小疏忽。相对于游刃有余且可靠的办事方式，他们的处事之方常常会令人心惊胆战。

和冒险型人物一起工作会非常愉快。虽然有时候，他们的一句心里话会令站在旁边的人心寒，但由于他们不拘小节，迅速与人亲近，且还善于营造和谐氛围的性格，还是会有很多人愿意与他们相处。

2）人尽其才，各得其所

适合冒险型性格的事情

· 需要新创意的或者重新开展的事情

· 需要针对问题制订对策的事情

· 需要到处转悠、四处活动的事情

· 需要在短时间内发挥高度集中力、迅速收到成效的事情

不适合冒险型性格的事情

· 需要持之以恒的事情（同样的事情老是反复，集中力会下降）

· 需要一丝不苟的事情（无法有条有理地对每件事情都进行细致入微的思考）

· 反复循环的简单的事情（在熟练之前，能够集中注意力，但难免要些小聪明）

适合的工作｜企划、TFT（公关活动）、新业务拓展部、广告、宣传、活动、营销

不适合的工作｜会计、总务、管理、监察

让天性发光

经历了漫长的旅行，我们终于到达了终点。相信大家已经发现了，之前从未看到过的自己以及对方的真实面目。这一面目也许是好的，也许是曾经有意回避过的。就如每个国家的语言不同一样，气质不同，各自所追求的东西也会不同，结果也就各异了。一直以来，我们都忽略了这一事实，所以在各自所属的共同体里发生了误会和不信任。

举个例子，我们假设属于腹型的领袖型部长把任务委托给属于心型的助人型部下。

领袖型部长期待着等自己说完"这次的项目就交给你了，你自己看着办吧"后，部下就会兴致勃勃地去工作。因为这是领袖型人物喜欢的业务风格。而助人型部下却希望部长能够与自己一同制定基本原则，并进行检查。如果让他自己看着办，他会有"部长是不是对我有

什么不满的地方"的想法，并陷入苦恼中不知所措。

管理者或经营者越是一味地按照"自己的方式"给予部下关怀，就越容易适得其反，导致矛盾发生。要想向对方表明自己的意图，就应先了解对方的性格，使用对方的"语言"。为此，我们先要了解自己，然后再去了解上司或部下。平日里，在你看来"真是让人难以理解"或"那是一种错误的行为"的事情，在那些人的眼中却是再正常不过的行为。

在我们了解自己之前，需要注意的是，喜欢也好，不喜欢也罢，那都是各自的性格类型。性格类型不是想避免就能避免，想拒绝就能拒绝得了的。性格就像才能一样，需要我们自己去改善，去使其发光。谁都有优点和缺点。可问题在于人们是否能够意识到。通过这次旅行，我们终于看清了我们性格当中的优点和缺点。今后我们要做的事情就是改善自己的性格，并让它发光。这才是我们最终要抵达的目的地。

不同并不等于不正确

与生俱来的性格就是每个人的"色泽"，我们要做的是使这些"色泽"变成"光泽"。"色泽"越多越混浊，"光泽"越多越明亮。当你将"色泽"变成"光泽"而非"脾气"的时候，自身和周围的变化就会自动实现。

我们要明确地认识到"相互不同"这一事实。在此之前，我们就因这个"不同"，经历了太多的矛盾和困境。虽然不是出自本意，却也给身边的人带来了伤害，造成过误会和矛盾。在此，再次强调"不同并不等于不正确"。每个人生下来都有属于自己的性格，而人们也只是在按照自己的方式生活而已。

了解不同性格类型的好处在于，它可以帮助你根据性格类型构建有效的人际关系。实际上人与人之间产生矛盾的原因就是"性格差异"。如果我们能够正确理解"不同"的意义，并着眼于把握各自不同的性格类型，那么我们的人际关系就会朝着更加广泛、更加深入的方向发展。而且，我们对各自不同性格类型以及有效对应法的了解，也将帮助我们更加轻松地处理人际关系，让它朝着我们所希望的方向发展。

　　不要期待每个人都按照你的方式办事。这只会给双方带来压力。我们要明白一个重要的事实，那就是人们都有属于自己的生存方式。这就需要我们去理解各自的"不同"。倘若能对每个人的生存方式都表示理解、肯定和尊重，那么个人和集体的利益就能得到保障和提升了。每个人都不一样，因为一出生，上天就给大家分配好了角色和使命。

尾声：经营性格

人们的能量中心和分布特点都各不相同。这本书根据能量中心的分布将人们分成了腹型、心型和脑型，并强调说，对优点的灵活运用和缺点的克服在通向成功的道路上尤为重要。

那么，为了成功，是像脑型人一样，针对未来 10 年，制订缜密的计划和战略更有用一些？还是像心型人一样，拥有能够打动顾客和合作伙伴的感性力量更有效一些？或者，像腹型人一样，发挥引导改变和实践的能力？究竟哪个更重要呢？

最重要的是，能够将这三种力量进行调节的"柔韧性"，即强弱调节。可以说，成长的可能性问题，就是如何根据身心柔韧性随心所欲的引导生活的问题。有助于更主动、更积极地应对变化的柔韧性，强调的不是脑型、心型和腹型的一个侧面，而是能够根据具体情况适时运用三种力量，即"动力系统"的可能性。

可以说这一系统能够根据不同的性格类型，适时地运用脑型、心型和腹型的力量，使成功的概率达到100％。如果我们无法适当应对九种性格类型的人，就只能为每次仅为九分之一的成功概率而焦虑了。很显然，100％的成功率取决于一个人是否拥有柔韧性，是否能够接受自己与他人之间的能量差异，并找到有效的应对方法。

雨过天晴之后，天空中挂着美丽的彩虹。它之所以美丽，是因为它不单由一种颜色组成，而是由红橙黄绿青蓝紫等多种颜色组成。

根据自己与生俱来的性格，每个人都有属于自己的才能和本领。在此之前如果你失败了，那只能说明你不曾了解自己，选择了一个不适合自己的工作。也就是说，没能找到你真正喜欢的工作，这才是你失败的原因。在没有了解自己的性格和才能之前，就急急忙忙扑向了他人从事的事情当中，这是不对的。

　　都说要想成功就得"努力"。但努力的人照样会被他人打败，那个人就是懂得"享受工作的人"。无论你怎么努力都不能打败懂得"享受工作的人"。懂得享受工作的人是能够发现自己并从事自己喜欢的事情的人。不盲从他人，从事符合自己天性的工作的人，是无法被人打败的。

　　即使是按照自己的本来面目生活，也要将自己最优秀的一面展示出来。任何人都有美丽的一面和丑陋的一面。究竟向人展示哪一面，最终是由自己的选择决定的。是该整天愁眉苦脸、皱着眉头生活，还是该以充满自信的面孔面对生活，这个问题与选择向世人展示自我性格的哪一面是一样的。

　　每个人都有优点和缺点。享受自己有限的能力，还是不停抱怨自己的能力不足？一个选择，相差千里。

　　不要抱怨自己的性格，请随性而乐！只是，不要刻意强调自己展现出来的天性。只有以自己的天性为基础，适当调节九种性格类型所具有的力量的柔韧性，才能帮助你与身边的人和睦相处、共同成长。

一眼洞悉九种性格类型的特点

可以将它夹在手册或者日记本里，然后在参加重要的会议、进行裁决或赶赴约会之前拿出来读一读。工作会变得更加愉快。

腹型（挑战与勇气的"勇将型"）

腹型式腹型——领袖型

外貌特征：

孔武有力，尤其是那双炯炯有神的眼睛会给你留下深刻的印象。无论眼睛大小，总是充满了力量。眼角微微上翘，平时双唇紧闭。通常身材都很魁梧，即使小巧也会给人一种精明强干的感觉。喜欢穿能给人留下深刻印象的服装，偏爱黑色、红色等原色。喜欢露出额头或将前面的头发梳到后面去。女士通常会将头发盘起来给人一种干练的感觉，而且喜欢大而华丽的首饰。

语气：

痛快、豪爽却又带着强硬与威胁。

性格特点：

· 优点

具有明确的自我主张，坦率且果断。对于决心要做的事情，能够以惊人的速度推进。洞察力强，善于读懂对方隐藏的意图。具有保护弱者、守护正义的侠义心肠，所以一见到不仁不义之事就忍不住要去干涉。会对与自己有关的人负责到底，并会协助其不断成长。在团队面临困难时能够毫不犹豫地挺身而出，具有领导团队克服困难的决断力。责任心强，不会将责任推脱给别人。

·缺点

过强的欲望。性格急躁，缺乏耐心和毅力。由于自尊心强，所以不会主动与人接近。看起来缺乏人情味且傲慢。以自我为中心，当自己的意见与他人的意见起了冲突时就会进行对抗，试图以力量取胜。一旦战斗开始就会进行猛烈的攻击，决不后退。极端，且常常以任何事情都要按照自己的意愿去办的独角将军形象压倒别人。

心型式腹型——和谐型

外貌特征：

不是很出众，有一张胖嘟嘟的安静且圆润的脸。目光柔和、舒适，静静地发呆时的眼神如沉思时一样深邃。由于身材大而且丰满，所以经常会给人一种身材圆润的感觉。女性的身体曲线柔和丰满，男性的身材也很养眼，能给人一种邻家大叔的感觉。与正装相比，更偏爱朴实、便捷的款式。总的来说，不太注重自己的外表。

语气：

语气温和、稳妥、缓慢。

性格特点：

·优点

性格柔和、谦虚、心宽。没有偏见，能够站在整体的角度上多层面地考虑问题，并能换位思考采纳不同意见。不会走到众人面前炫耀，只在背后默默地履行自己的职责，并推动整个事情顺利发展。把周围人的烦恼当做自己的烦恼，努力去排除和解决。拥有圆满的人际关系，值得信赖，而且比较稳定。具有能够综观大局、把握整体状况的能力，所以可以不偏不倚地进行仲裁。具有耐心和毅力，能够将事情进行到底，有股冲劲。

· 缺点

惰性。习惯把该做的事情往后拖。总会因为照顾别人而耽误了自己的事情。为了保持身心的安逸，不愿意去尝试新事物，反对变化。不善于去解决问题，总是为了逃避矛盾而掩盖问题，从而使问题更加激化。由于考虑的方面太多，所以决定一件事情需要花费很长的时间。优柔寡断，经常固执地纠缠于毫无效率的事务中。

脑型式腹型——改革型

外貌特征：

一般情况下，脸型较长或者是属于有棱有角的那种，下巴比较尖，颧骨比较突出。眼睛呈眼角上翘的一字形。目光给人一种锐利、坚定的感觉。指甲始终整理得干干净净。虽然平时面无表情，紧闭双唇，不爱笑，可一旦笑起来表情就会变得天真烂漫。标准型身材，姿势为一字形，结实挺直。不管是男是女都比较喜欢朴实整洁的服饰。紧张或惊慌的时候会不停地微微点头、眨眼或皱鼻子。

语气：

一副教训或者指责人的口气。

性格特点：

· 优点

任何事情都能够做到以身作则，具有迅速执行事务的能力。勤勉不懈、兢兢业业的作风是他人的榜样，能够寻找自己和他人身上的缺点，并极力将其改得尽善尽美。为了使团队能够朝着更好的方向发展而努力工作。坚守原则，以集体利益为重处理问题，所以被人信任。始终秉着自己的良心和原则做事，自我管理做得非常好，具有自制力。为了大家的利益可以牺牲自己的欲望，有责任感，不会轻易妥协。

- 缺点

　　对失误感到愤怒。 过分认真细致，而且玩世不恭。由于追求完美，所以很少会有看得上眼的人。凡事都要按照规矩、原则办事，缺乏变通能力。一旦违背了原则，不管是自己的错误，还是他人的错误，都会大胆地揪出来并予以指正。喜欢用自己的原则强求别人，会对不符合自己标准的人发火。

心型（随和与信任的"德将型"）

心型式心型——助人型

外貌特征：

　　外表看起来胖乎乎的，始终都是一张笑脸，心情好的时候会眉开眼笑，心情不好的时候会笑得很不自然。一般男性皮肤较黑，女性经常会害羞般的缩起双肩。对着人的时候，喜欢眨着眼睛迅速地观察一下周围人的眼神。穿着朴实，喜欢穿柔和、舒适的针织服或者衬衫等。比起大而华丽的首饰，更喜欢小首饰，男性通常会挂一条项链，女性则喜欢戴一些精美可爱的小发卡。惊慌的时候脸会立即变红。生气或者感到不满的时候会皱起眉头，摆出一副可怜兮兮的样子。

语气：

　　友好、亲切的语气。

性格特点：

·优点

亲切、和蔼可亲。对周围的人很友好，容易结成亲密的关系。通常思路比较清晰，积极，经常夸奖、鼓励身边的人。同时还具有照顾、帮助他人的利他主义精神。竭尽全力帮助那些需要帮助的人。善于察言观色，懂得把握对方的情绪并配合对方。对任何事情都非常积极，几乎和所有的人都能够和睦相处，所以有时也会充当联系人、中间人的角色。

·缺点

渴望自己的付出能够得到回报。当自己对他人的付出得不到相应的回报时，就会感到非常失望。因为总是过于热情，所以经常会给朋友、家人、公司的同事带来一种过分积极的感觉。想利用交情巧妙地控制、操纵他人。非常在乎情感的表达，所以总渴望自己曾经帮助过的人能对自己的付出作出一点点回应或者说一些感激的话。如果对方没有这样做，他们就会受伤，并变得歇斯底里，甚至突然变得具有攻击性。

脑型式心型——成就型

外貌特征：

利落干练的形象。给人一种充满自信、威风凛凛的感觉。眼睛就像雄鹰的眼睛一样内侧眼角朝下，而且非常锐利。虽然平时脸上总是洋溢着微笑，但工作的时候眼神就会变得严厉起来。左右来回转几下眼珠，就能够把握对方的意图和全局。微笑具有魅力而且矜持，偶尔还会显得有些虚伪。即使身材矮小，男人也是结实强干的，而女人也是精明干练的。腰杆直挺，姿势庄重。喜欢穿整洁、气派的正装，并且会根据不同的场合穿着不同的服装。

语气：

洋溢自信、充满魄力，偶尔会用一种鄙视人的语气。

性格特点：

·优点

充满自信，积极向上，精力充沛，具有强烈的欲望。努力发展自己，并具有广泛的人际关系。具有明确的目标，有能力，做事讲究效率。树立好大大小小的目标之后，会为实现目标而制订计划，并迅速地推进。不仅在工作方面，就是在生活上也会为了有效地管理时间而制订一系列的日程。具有很强的随机应变的能力，所以就算事情不能按照预设的方案进展，也不会惊慌失措，而且还能够根据当时的具体情况找出最恰当的应对方案。

·缺点

弄虚作假。害怕会给别人带来一种不会成功或者已经失败的印象。为了给他人留下一个好的印象，会装出非常得意的样子，并掩饰自己的真正面目。总是与他人进行比较，竞争意识过于强烈。为了能够在竞争中得胜，偶尔还会使用一些小伎俩。经常疯狂地工作，以至于疏远了周围的人。经常把自己广泛的人脉当做是实现目标的工具。

腹型式心型——艺术型

外貌特征：

整体说来，自身个性非常突出，经常有人说他们外表独特。帅哥美女居多。即使不是帅哥美女，其帅气的打扮也会吸引众人的眼球。深邃、水汪汪的眼睛和不直视前方而向远处望去的视线，会给人一种很特别的感觉。姿势始终保持着15度或45

度的倾斜角。服装款式非常多，甚至很难用一种样式来形容。有偏爱高贵、华丽服装的人，也有喜欢自由奔放和怀旧风格服装的人。

语气：

慢且具有节奏感的语气。发起火来会歇斯底里。

性格特点：

·优点

重视与身边人的关系和感情。温柔、亲切，给人一种家人般的感觉。善于体察人心，并经常鼓励对方。想象力丰富、具有创造力和独创性。具有一双善于发现美的眼睛。喜欢以自己的独创性带动流行并创造出一种新的文化。有极高的热情，想登上事业的最高峰，好胜心极强。做事的时候非常投入，结尾的时候也很完美。

·缺点

嫉妒心。容易妒忌别人，嫉妒心很重。如果在同一领域里有比自己更有能力的人，就会有想超过人家的想法或妒忌人家。讨厌被规矩或条条框框限制，喜欢自由自在随心所欲地行动。为人不仅难以相处，还很敏感，经常把小事情解释得非常夸张。情绪起伏很大，在一天之内要经历好几次的开心、伤心、自豪、嫉妒等极度的情感波动。有的时候看起来像得了忧郁症一样，有的时候会深深地沉浸在以自我为中心的想法中，固执地要性子。

一眼洞悉九种性格类型的特点

189

脑型（战略与准备的"智将型"）

脑型式脑型——探索型

外貌特征：

宽大的五角形脸。整体看上去，头有点大。通常脸都是胖乎乎的，而额头比较宽。女性脸比较黑。平时面部几乎没有表情，即使是生气的时候也只是皱皱眉头。不太喜欢打扮，喜欢穿舒服的针织服或款式简单的服装。通常衣服的颜色也会选择不怎么显眼的中间色，所以会给人一种非常朴实的感觉。

· 语气：

要么一字一句地说，要么就是一种冷漠、不夹杂任何情感因素、玩世不恭的语气。

性格特点：

· 优点

具有惊人的观察力和分析力，不管多么错综复杂的事情，只要看一眼就能把握整体状况以及核心问题。平时喜欢深入地观察和思考问题，不仅非常关心表面现象，对用肉眼看不见的核心原理也非常重视，这为他的行动提供了可能性。看事比较客观、富有逻辑性、具有很强的判断力。通常会具有某一领域的专家级水平的知识和见识。就是在发生复杂、难以应对的问题时，也能够控制自己的情感，并以冷静的头脑去认认真真地解决问题。不喜欢白白浪费精力，会制订出能够以最少的精力去换取最大成果的战略方案。

· 缺点

吝啬。 因自己的智慧而骄傲、自满，有的时候还会错误地认为自己是团队里最聪明的人，非常吝啬于与他人共享最新资料，不愿意向人们展示自己的洞察力和见解。实践能力不足，不愿意当面站出来，总是想先退一步，再制订和调整战略。认为构建人际关系也是一种能量的消耗，所以更喜欢自己一个人待着。正因此，别人很难与之沟通。

心型式脑型——模范型

外貌特征：

整体上给人一种文静、利落的感觉。虽然表情没有多少变化，但始终都是一副笑脸，而且目光慈祥。善良的眼睛似乎充满了忧愁与烦恼。一贯保持良好姿势的他们，喜欢害羞似的微微缩背。喜欢穿中色系、朴素、庄重且保守的服装，所以会给人一种整洁且有些拘谨的感觉。男性就像梳着二八分头的模范生，而女性通常都显得清纯可人。

语气：

镇静、慎重，似乎对任何事情都有些担心的语气。

性格特点：

· 优点

重视信用和礼节。诚实、谦虚、责任心强。对待值得自己信赖或信赖自己的朋友、家人、工作单位、同事，会用一种温情主义态度，而且可以为了他们牺牲自己，并竭尽全力。为了能够应对不确定的未来，时刻做着准备。因为遇事总是事先想好最糟糕的情况，并预先做好准备，所以应对突发性事件的能力极强。虽然平时看起来非常消极，但是危急时刻总能果敢地去面对并克服困难。

· **缺点**

不安。老是以为自己的处境非常危险，所以会忧虑、担心，感到不安，并时刻都要对周围的状况进行确认。由于总是担心会发生危险，所以平时经常会操心或做周密的调查，使身边的人觉得很累。不会轻易地相信别人，警惕心很重，总会无端地怀疑别人。比较保守，因而在创新和思维灵活性方面稍差。体质不是很好，因为平时忧虑和烦恼过多，所以疲劳感来得较快。

腹型式脑型——冒险型

外貌特征：

也有脸又圆又胖的，但大多数都是瘦削的脸。胳膊、腿、手指修长，牙齿比较突出。不论男女，一般皮肤都比较黑，脸上总是摆着一副充满了好奇和淘气的顽皮表情。经常转动着眼珠观察别人的脸色，眼角稍微向下耷拉着，女性眼睛通常看起来都笑眯眯的。高兴的时候脸色红润，双眼炯炯有神，但是平时看起来却给人一种冷冰冰的感觉。在感到无聊或者疲倦的时候会皱起眉头或者变得毫无表情。由于缺乏安全感，所以坐着的时候总是不停抖腿、用手转动圆珠笔或者用嘴叼着笔。偏爱单薄、开放的服饰。

语气：

轻快、明朗，却又毫无礼貌、伤人的语气。

性格特点：

· **优点**

开朗活泼、富于创意、充满活力。对新环境的适应能力强，喜欢开展新事物，喜欢充满刺激的冒险。好奇心强，求知欲旺盛，学什么东西都比较快，具有能够同时处理多个事情的能力。

喜欢将自己知道的事情告诉他人，多才多艺而且非常幽默。想做的事情很多，所以每逢假期都会去参加各种各样的趣味活动。

· **缺点**

    散漫。讨厌被形式或条条框框束缚。总是喜欢去尝试新的事物，所以比较散漫，无法将开了头的事情顺利地完成。不够耐心，缺乏毅力，习惯稀里糊涂地完成工作，所以也有人说他们不负责任。善于推卸自己的责任。不够认真，缺乏城府，冲动，自制力弱。有时还会沉浸在根本无法实现的计划和幻想中，活得不现实。

图书在版编目（CIP）数据

职场浮沉记／（韩）尹泰翼著；千太阳译.—北京：北京理工大学
出版社，2011.1
　ISBN 978-7-5640-3793-2

　Ⅰ.①职…　Ⅱ.①尹…　②千…　Ⅲ.①人际关系学-通俗读物
Ⅳ.①C912.1-49

　中国版本图书馆CIP数据核字（2010）第176229号

北京市版权局著作权合同登记号　图字：01-2010-4605号

회사에서 통하는 독심술
Text Copyright © Yoon Tae Ik （尹泰翼）
Illustrations Copyright © Credu Co., Ltd.
2008, Printed in Korea
Chinese simplified language translation rights arranged with
Credu Co., Ltd.
through Imprima Korea Agency and Qiantaiyang Cultural Development
(Beijing) Co., Ltd.
ALL RIGHTS RESERVED.

出版发行／北京理工大学出版社
社　　　址／北京市海淀区中关村南大街5号
邮　　　编／100081
电　　　话／（010）68914775（总编室）　　68944990（批销中心）
　　　　　　68911084（读者服务部）
网　　　址／http://www.bitpress.com.cn
经　　　销／全国各地新华书店
印　　　刷／北京燕泰美术制版印刷有限责任公司
开　　　本／710毫米×1000毫米　　1/16
印　　　张／12.75
字　　　数／140千字
版　　　次／2011年1月第1版　　2022年3月第2次印刷　　责任校对／张沁萍
定　　　价／28.00元　　　　　　　　　　　　　　　　　责任印制／母长新